HARDANGER

HARDANGER

Muster über Muster

KEYSER

Inhalt

6	**HARDANGER-STICKANLEITUNG**
7	**EINTEILUNG**
7	**ZÄHLVORLAGEN**
7	**STOFFKAUF**
8	**HARDANGER-STICHE**
8	Plattstich
8	Plattstichrand
9	Ausschneiden der Gewebefäden
9	Ausziehen der Gewebefäden
10	Paarweises Umwickeln
10	1. Umwicklung mit Schlingenstich
11	2. Umwicklung mit Schlingenstich
11	Festonstich
12	Knötchenstege (Pikots)
13	**SÄUME**
13	Hohlsaum
13	Hohlsaumstich
14	**ZUSCHNEIDEN**
14	Runde Decke
15	Ovale Decke
15	Berechnungsformeln für die Bortenlänge
16	**ANNÄHEN**
17	**ÜBERSICHTSTABELLE**
17	**PFLEGEHINWEISE**
18	**ZWEIGART-GEWEBEARTEN**
18	Hardanger-Zählstoffe
26	**KISSEN, TAGESDECKE UND MITTELDECKE**
34	**WEISSE TISCHDECKE**
36	**ROSA MITTELDECKE**
40	**WEISSER LÄUFER**
42	**ROSA LÄUFER**
46	**BEIGE MITTELDECKE**
48	**WEISSE MITTELDECKE**
54	**KISSEN IN PASTELLTÖNEN**
56	**ROLLO**
60	**DECKE BLÜTENSPITZE**
64	**FENSTERBILDER**
70	**DECKE BLÄTTERRANKE**
74	**KLEINE DECKCHEN**
75	**VORSCHLÄGE ZUR AUFTEILUNG**
80	**KISSEN MIT KREUZSTICHMOTIVEN**
88	**WEIHNACHTSSTICKEREI**
94	**HARDANGER-ZIERFORMEN**
94	Füllstich-Umwicklung
94	Einfache Umwicklung

94	Schlingenstich-Füllung	116	**MOTIVDECKCHEN OBST**
95	Malteserkreuz	116	Apfel
		116	Birne
96	**ZIERSTICHE**	116	Pflaume
96	Kästchenstich als Fläche	122	Erdbeere
96	Kästchenstich als Reihe		
96	Paralleler Rückstich	124	**LÄUFER**
96	Spinnenstich 1 und 2	124	Tischläufer in Flieder
		125	Tischläufer in Altrosa
97	**TIPS ZUR HARDANGER-TECKNIK**	130	**MITTELDECKEN**
97	Rückseite	130	Decke in Rosa
97	Vernähen	130	Decke in Flieder
97	Ausbessern	135	Decke in Creme
		137	Decke in Hellbeige
98	**LANGETTENRÄNDER**	138	Decke Kleeblätter
98	Befestiger Langettenrand	142	Decke Zacken
		142	Decke Blätter
99	**SÄUME**	146	Rustikale Mitteldecke mit Unterdecke
99	Doppelter Saum mit Briefecke	151	Decke in Grün
99	Hohlsaumstich		
99	Saumstege	154	**TISCHDECKEN**
		154	Decke mit Mittelmotiv
100	**BILD BLAUER SCHMETTERLING**	157	Decke in Weiß
102	**KISSEN MIT SCHMETTERLINGEN**	160	**KISSEN WEIHNACHTSMOTIVE**
102	Rosa Schmetterling	160	Kissen Stern
102	Zitronenfalter	160	Kissen Glocke
104	Nachtfalter		
		164	**SETS MIT RANDMUSTER**
112	**TISCHSETS**	164	Set in Gelb
112	Set Orchidee	164	Set in Terrakotta
112	Set Dotterblume	164	Set in Grün
112	Set Margerite	164	Set in Creme

Über technische Details informieren die Seiten 7 bis 25 und 94 bis 99.

Hardanger-Stickanleitung

Hardanger ist eine Durchbruchstickerei, bei der zuerst alle Motive mit Plattstichrändern befestigt werden, erst danach wird ausgeschnitten und umwickelt. Da Sie beim Umranden mit Plattstich immer an den Ausgangspunkt zurückkommen, können Sie vor dem Ausschneiden überprüfen, ob Sie sich nicht verzählt haben. Bei Mustern mit viel Durchbruch schneiden Sie am besten nur Teile aus, die gerade in den Stickrahmen passen, da das Gewebe durch die fehlenden Fäden an Stabilität verliert und erst durch die Umwicklung wieder sicher gefestigt wird. Die Reihenfolge der Arbeitsgänge ist unbedingt einzuhalten. Gestickt wird mit einer stumpfen Sticknadel (siehe Seite 17).

Um Ihnen das Arbeiten nach Vorlage übersichtlicher zu machen, sind die stichgenauen Zählvorlagen in Karogruppen gezeichnet, die gleichzeitig den für Hardanger typischen Plattstichgruppen entsprechen.

Einteilung

Die Stickerei immer von der Mitte aus einteilen. Am besten markieren Sie die in jeder Stickvorlage angegebenen Mittellinien mit Heftstichen auf dem Gewebe. Da die Stickerei durchweg auf Vierer-Fadengruppen basiert, gilt für die Zählvorlagen:

1 Kästchen = 4 Gewebefäden

Zählvorlagen

Die Zählvorlagen zeigen ein Viertel bzw. die Hälfte des Stickmotives, die Motivmitte ist jeweils durch eine rotgestrichelte Linie markiert. Außerdem werden zusätzliche Aufteilungsmöglichkeiten gezeigt, z. B. die Stickmotive auch auf andere Deckengrößen zu verteilen.

Stoffkauf

Beim Stoffkauf sollten Sie darauf achten, daß Sie immer Naht- und Saumzugaben berücksichtigen und je nach Größe des Modells 5 bis 15 cm Stoff zur Sicherheit dazugeben (siehe Seite 13).

- ☐ 1 Kästchen = 4 Gewebefäden

- ▨ ausschneiden der Gewebefäden

- ▥ Plattstichgruppen = 5 Stiche über 4 Gewebefäden

- ⊖ Umwicklung von 4 Gewebefäden

- ✣ Umwicklung mit Schlingenstich

Hardanger

PLATTSTICH

Plattstichmotive werden in senkrechten und waagerechten Stichen laut Zählvorlage gestickt. Diagonalen ergeben sich dadurch, daß aufeinanderfolgende Plattstiche diagonal um jeweils einen Faden versetzt sind. Detailzeichnungen für den Plattstich sind Faden für Faden extra gezeichnet.

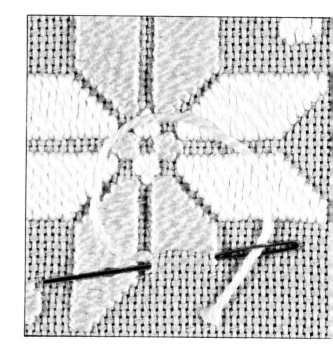

PLATTSTICHRAND

Die Hardangermotivränder bestehen aus Plattstichgruppen von je fünf Stichen über vier Gewebefäden. Sie werden abwechselnd in senkrechter und waagerechter Richtung gestickt. An Stellen, an denen sie rechtwinklig aneinanderstoßen, wird der erste Stich einer Gruppe in dieselbe Einstichstelle wie der letzte Stich der vorigen Gruppe gearbeitet.

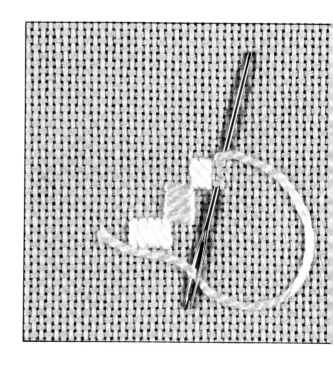

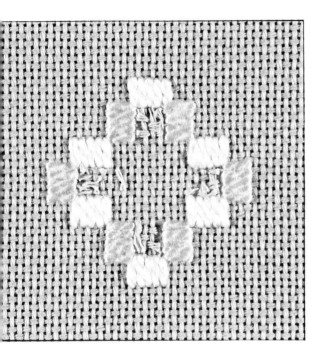

AUSSCHNEIDEN DER GEWEBEFÄDEN

Sind alle Ränder mit Plattstichen gesichert, die Fäden dicht innerhalb der Plattstichgruppen mit einer spitzen Schere abschneiden. Sie schneiden jeweils Gruppen von vier Gewebefäden. Die senkrecht dazu verlaufenden Plattstichgruppen sichern den Schnittrand.

AUSZIEHEN DER GEWEBEFÄDEN

Die abgeschnittenen Gewebefäden innerhalb des Motives ausziehen. Dabei entsteht ein durchbrochenes Fadengitter, bestehend aus Gruppen von jeweils vier Gewebefäden.

Hardanger-Stiche

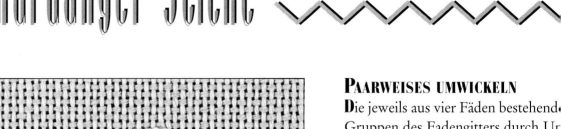

Paarweises Umwickeln

Die jeweils aus vier Fäden bestehenden Gruppen des Fadengitters durch Umwicklungen befestigen. Die Nadel abwechselnd von jeder Seite unter den jeweils letzten beiden Fäden durchführen. Die dicht und fest umwickelten Stege werden fortlaufend über die Diagonale gearbeitet.

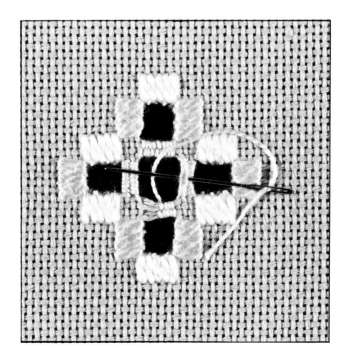

1. Umwicklung mit Schlingenstich

Die Fadengruppe wie beschrieben umwickeln und beim Arbeiten des letzten Steges eines Quadrates den Schlingenstich beginnen. Diesen Steg bis zur Mitte umwickeln. Beginnen Sie mit einem Schlingenstich von oben um die Mitte der bereits umwickelten Stege und führen Sie die Nadel anschließend von unten nach oben um den Stichfaden zum nächsten Steg.

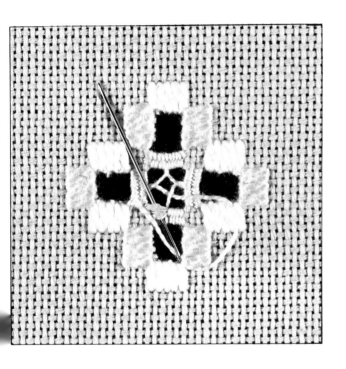

2. UMWICKLUNG MIT SCHLINGENSTICH

Beim letzten Steg die Nadel unter dem ersten Schlingenfaden herführen und dann den Steg fertig umwickeln.

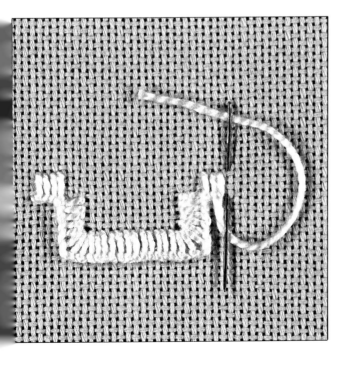

FESTONSTICH

Der Zackenrand (Festonrand, Zinnenrand) wird im Festonstich über vier Gewebefäden gearbeitet. Dazu am unteren Rand ausstechen und den nächsten Stich um einen Faden nach rechts versetzt oben einstechen, den Faden nach rechts zur Schlinge legen und senkrecht unter dem ersten Einstich wieder ausstechen. Die Ecken arbeitet man zweimal in die gleiche Ausstichstelle, bzw. fünf Stiche haben die gleiche Einstichstelle, wobei die Ausstichstellen diagonal um je zwei Fäden über Eck versetzt werden.

Nach dem Sticken den Stoff dicht entlang dem Festonstich abschneiden.

Hardanger-Stiche

KNÖTCHENSTEGE (PIKOTS)
Die Fadengruppen umwickeln, dabei die Nadel unter den ersten beiden Fäden des Steges führen.

Nach vier Umwicklungen in der Mitte des Steges einen Kettenstich über die zwei Fäden des Steges arbeiten.
In die Schlaufe des Kettenstiches wird ein weiterer Kettenstich gestickt, wodurch ein deutliches Knötchen entsteht. Das Knötchen auf der gegenüberliegenden Seite ebenso arbeiten und den Steg durch weitere vier Umwicklungen beenden.

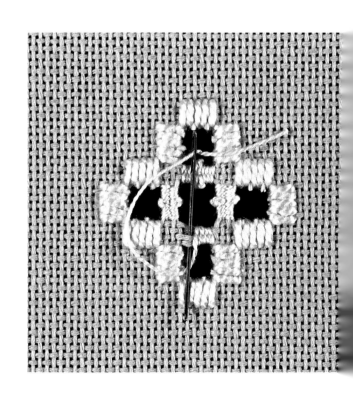

Säume

Beachten Sie beim Stoffkauf, daß für einen 3 cm breiten doppelten Saum ca. 11 cm zum Fertigmaß dazugerechnet werden müssen. Außerdem noch 10 bis 15 cm Stoff zur Sicherheit dazugeben.

HOHLSAUM

Am Gewebebeispiel von **DAVOSA 3770** oder **CARRARA 3969**

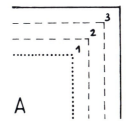

1 = Oberseite
2 = Innenseite
3 = Einschlag

Für den Hohlsaum ist in den Zählvorlagen jeweils eine gepunktete Linie eingezeichnet. Sie markiert den Abstand von der Stickerei. Ziehen Sie hier einen Gewebefaden nur von Ecke zu Ecke heraus. Den überstehenden Stoff 36 Gewebefäden außerhalb dieser Hohlsaumlinie abschneiden. Laut Abbildung A je 12 Gewebefäden für die Oberseite des Saumes (1), die Innenseite (2) und den Einschlag (3) markieren. Den Einschlag laut Abbildung B legen und die schraffierte Ecke abschneiden. Laut Abbildung C die Innenseite des Saumes umschlagen und heften.
Die schräge Briefecke mit kleinen Stichen schließen und den Saum im Hohlsaumstich arbeiten.

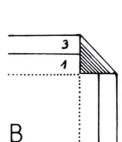

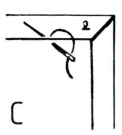

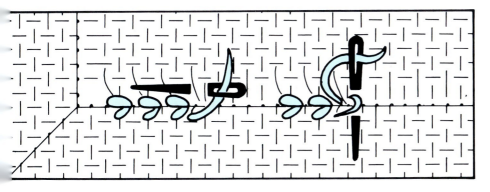

HOHLSAUMSTICH

Er wird auf der linken Gewebeseite von links nach rechts mit 2-fädigem Sticktwist oder Vierfachstickgarn Nr. 16 gestickt.
Mit der Nadel abwechselnd je zwei Fäden entlang der ausgezogenen Linie fassen und dann zwei Gewebefäden senkrecht in den doppelt umgeschlagenen Saum stechen.

Zuschneiden von Decken

Zuerst werden die Webkanten abgeschnitten. Sie verziehen sich bei der Wäsche.

Runde Decke

Man schneidet den Stoff quadratisch zu. Dabei gilt: Durchmesser der Decke = Seitenlänge des Quadrats.
Als Hilfszirkel verwendet man einen unelastischen Faden (Länge = Durchmesser der Tischdecke). Anschließend die Fadenenden verknoten und die Mitte der Decke mit einer Stecknadel markieren. Nun wird eine Fadenschlinge um die Nadel gelegt und in die andere ein Bleistift eingehängt. Mit gespanntem Faden zeichnet man die Kreislinie (= Schnittlinie).

 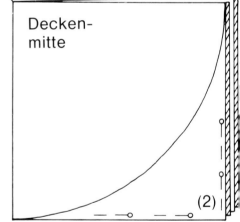

1. Den Stoff zweimal zusammenlegen. Das entspricht einem Viertel der Decke. Die offenen Kanten feststecken, damit beim Schneiden die Stofflagen nicht verrutschen.

2. Mit einem Hilfszirkel einen Viertelkreis zeichnen, dann entlang der Kreislinie durch alle vier Stofflagen gleichzeitig schneiden. Benutzen Sie dafür nur eine scharfe Stoffschere.

Ovale Decke

Den Stoff rechteckig zuschneiden und einmal zusammenlegen. Die offenen Kanten zusammenstecken, damit sich die Stofflagen nicht verschieben.
Am Bug von beiden Seiten die halbe Deckenbreite abmessen und jeweils mit einer Nadel markieren. Diese Markierungspunkte sind die beiden Halbkreismittelpunkte. Man verwendet den Hilfszirkel wie bei der runden Decke, dabei gilt:
Fadenlänge = Deckenbreite.
Entlang der beiden Kreislinien durch beide Stofflagen gleichzeitig schneiden.

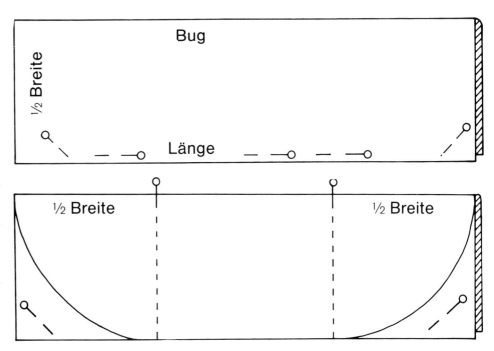

Berechnungsformeln für die Bortenlänge

Um ausreichend Spitze oder Borte für eine Tischdecke zu bemessen, genügen nicht die Deckenmaße, sondern man braucht zusätzlich für die Ecken ausreichend Borte. Wieviel dazugerechnet werden muß, ist abhängig von der Bortenbreite.

Rechteckige Decke
(2 x Deckenlänge) + (2 x Deckenbreite) + (8 x Bortenbreite) = Bortenlänge

Runde Decke
Durchmesser + (2 x Bortenbreite) = Gesamtdurchmesser
Gesamtdurchmesser x 3,14 = Bortenlänge

Ovale Decke
Deckenbreite + (2 x Bortenbreite) = Gesamtbreite
Gesamtbreite x 3,14 = Rundungsumfang (2 Halbkreise)
Deckenlänge - Deckenbreite = Mittelplattenlänge
Rundungsumfang + (2 x Mittelplattenlänge) = Bortenlänge

Mit diesen Formeln berechnen Sie den exakten Bortenbedarf. Da die Bortenenden etwas übereinandergenäht werden, rechnen Sie noch ein paar Zentimeter Borte zur Sicherheit dazu.

Annähen

VON BORTEN UND SPITZEN

Zuerst die Schnittkanten versäubern. Bei runden und ovalen Decken die Borte vor dem Nähen rundherum ohne Spannung an den Stoff stecken oder heften und die Enden übereinandergelegt versäubern.

(1) rechte Seite

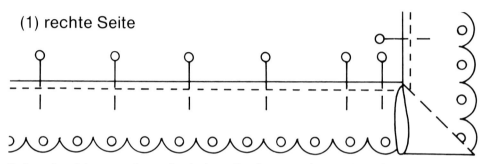

Bei rechteckigen und quadratischen Decken an den Ecken die Borte so im rechten Winkel anstecken, daß sich eine Tüte bildet.

(2) linke Seite

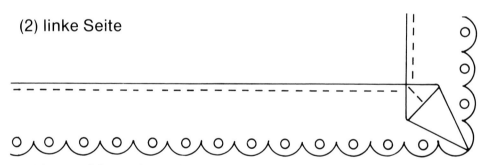

Die Tüten auf die Rückseite durchstecken, abnähen und ausbügeln.

(3) linke Seite

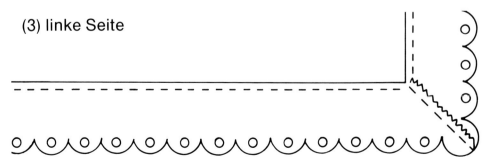

Von rechts die Borte annähen. Bei festen und feinen Borten, die nicht stark ausfransen, kann man die Tüte abschneiden und die Ecke versäubern.

Übersichtstabelle

Fadendichte	Gewebe	Stickgarn	Nadel
ca. 7 Fäden/cm	FLOBA 1198 DAVOSA 3770 CARRARA 3969	Plattstich Perlgarn 3 Umwicklung Perlgarn 5 oder Perlgarn 8	Nr. 20
ca. 7,5 Fäden/cm	ARIOSA 3711 CORK 3613		Nr. 20/22 Nr. 22/24
ca. 8 Fäden/cm	BELLANA 3256	Plattstich Perlgarn 5 Umwicklung Perlgarn 8	Nr. 20/22 Nr. 22/24
ca. 9 Fäden/cm	OSLO 3947		
ca. 10 Fäden/cm	LUGANA 3835 DUBLIN 3604		
ca. 11 Fäden/cm	MERAN 3972 ANNABELLE 3240		
ca. 12 Fäden/cm	BELFAST 3609	Plattstich Perlgarn 8 Umwicklung Vierfachstickgarn 16	Nr. 22/24 Nr. 24

Pflegehinweise

Durchbruch- und Spitzenstickereien sollten schonend behandelt werden, darum einige Tips zur Pflege:
Wenn Sie die Stickerei nicht von Hand waschen möchten, was zweifellos das schonendste ist, sollten Sie diese kostbare Handarbeit in ein Säckchen oder einen Kissenbezug stecken, um sie vor unnötiger Beanspruchung zu schützen. Aus diesem Grund dürfen Lochstickereien auch nicht geschleudert werden und gehören keinesfalls in den Trockner, da durch das Ziehen und Herumwirbeln die Gewebestruktur gelockert wird.
Von der Rückseite mit einem darübergelegten, feuchten Tuch bügeln. Ihre gestickten Werke werden so auf Dauer ihre Haltbarkeit und reizvolle Optik behalten.
Wasch- und Bügeltemperaturen richten sich immer nach dem schwächsten Glied. Wenn Sie z. B. Gold- und Silbergarne versticken, dürfen Sie mit max. 30°C waschen und bei geringer Temperatur bügeln, auch wenn beim Gewebe 95°C und „drei Punkte" angegeben sind. Achten Sie also grundsätzlich auch auf die Pflegevorschriften der Stickgarnhersteller.
Um die Farben unverändert zu erhalten, immer Waschmittel ohne Aufheller verwenden.

Zweigart-Gewebearten

HARDANGER-ZÄHLSTOFFE

Diese Gewebeübersicht soll Ihnen die Auswahl des passenden Stoffes erleichtern, denn am Anfang steht sicher immer zuerst der optische Reiz. Nicht nur die Stickerei, auch der Materialcharakter des Gewebes bestimmen das endgültige Werk. Ob glatt, markant oder eher zart strukturiert, gröber oder feiner, rustikal oder elegant, das Gewebe bildet eine unverwechselbare Einheit mit der Stickerei und wandelt das Aussehen bei gleichem Stickmuster.

Damit Sie lange Freude an Ihrer Stickerei haben, hat nicht zuletzt auch der Verwendungszweck erheblichen Einfluß auf die Wahl des geeigneten Grundmaterials. Suchen Sie ein Gewebe für einen Gebrauchsgegenstand, der öfter gewaschen wird, oder für ein Deckchen, das als Blickfang dekoriert wird, möchten Sie Ihre Stickerei wie eine Grafik rahmen, als transparentes Bild ins Fenster hängen oder schnell eine kleine, persönliche Glückwunschkarte gestalten? Für alle Fälle gibt es ein passendes Gewebe.

Ihre Hardanger-Stickerei kommt besonders gut zur Geltung, wenn Sie z.B. für ein Kissen das farblich abgestimmte Inlett verwenden, für die Tischdecken oder Läufer eine entsprechende Unterdecke.

Als Faustregel gilt, unabhängig ob das Gewebe grobfädig oder feiner ist: Je dichter und geschlossener das Gewebe desto gebrauchstüchtiger ist es in Zusammenhang mit Lochstickerei. Deshalb ist die Empfehlung von grobfädig bis fein z. B. DAVOSA BELLANA, LUGANA, MERAN ANNABELLE und BELFAST. Für Transparenz, bei der nicht auf Strapazierfähigkeit geachtet werden muß, sind die Siebleinen ein wunderschönes edles Material.

Unabhängig vom Nutzen ist es natürlich wichtig, wieviel Zeit Sie für Ihre Stickerei aufwenden möchten. Da

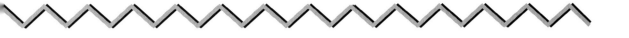

wird nicht nur durch die gewünschte Größe des Modells bestimmt, sondern hängt in ganz erheblichem Maß von der Fadenzahl im Stoff ab. Für große, prächtige Decken und kleine, rasch gestickte Geschenke sind die Gewebe mit sieben bis acht Fäden pro Zentimeter geeignet, für kleine Kostbarkeiten wird der Hardanger-Profi zu den Fadendichten um zehn Gewebefäden pro Zentimeter greifen.

Die Zählvorlagen in diesem Buch können Sie für alle Fadendichten verwenden, es verändern sich dabei jedoch die Modellgrößen. Deshalb sind für alle Gewebearten an erster Stelle die Fadenzahlen auf 10 cm angegeben. Durch vier geteilt, erhalten Sie die Anzahl der Kästchen in der Zählvorlage. Um Ihnen das Umrechnen zu erleichtern, stehen bei jedem Gewebe die Kästchenzahlen für die Zählvorlage. Wenn Sie ein Gewebe mit höherer Fadenzahl als das Original wählen, können Sie Mustersätze beliebig wiederholen oder Motive zwischenschieben und kommen damit wieder auf ähnliche Modellgrößen. Dem kreativen Spiel sind da keine Grenzen gesetzt.

Diese Auswahl an Geweben will auch zeigen, daß Hardanger und überhaupt gezählte Stickereien nicht auf „irgendein" Gewebe gestickt werden können, denn das Hauptmerkmal von Handarbeits-Zählstoffen ist, daß sie „quadratisch" gewebt sind, das heißt, Längs- und Querfadensystem haben die gleiche Anzahl Fäden auf den Zentimeter. Dies ist wichtig, damit Bordüren in beiden Richtungen gleich breit und Mustersätze gleich lang werden. Bei Einzelmotiven ist es wesentlich, daß sie am Ende auch wirklich quadratisch herauskommen.

Mit dieser kleinen Vorinformation kann es ans Auswählen des Gewebes gehen, die jeweils passenden Stickgarne finden Sie auf Seite 17. Denn im Aussuchen und Abwägen liegt bereits der erste Stickspaß.

DAVOSA 3770
ca. 71 Gewebefäden = 10 cm
Gewebebreiten: 140 und 180 cm
Material: 100% Baumwolle
Ausrüstung: pflegeleicht
Waschen: helle Farben 95°C,
dunkle Farben 60°C
Bügeln: •••

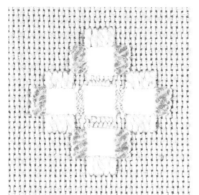

DAVOSA ist ein Handarbeitsstoff aus reiner Baumwolle, dessen Gewebefäden aus mehrfach zusammengezwirnten Einzelfäden bestehen. Dabei wird der Faden glatt und gleichmäßig und gibt dem Gewebe seinen klaren, ebenmäßigen Ausdruck. Er ist besonders gut zu zählen und wird daher von Hardanger-Kursleiterinnen häufig empfohlen. Für Ihre erste Hardanger-Arbeit ist er zum Erlernen der Technik der ideale Grundstoff. Aber auch Hardanger-Profis schwören auf dieses Gewebe, da die Stickerei zügig vorangeht. Nicht zuletzt trägt die große Farbauswahl zu seiner Beliebtheit bei.

10 Kästchen in der Zählvorlage = ca. 56 mm
10 cm im Gewebe = ca. 18 Kästchen

ARIOSA 3711
ca. 75 Gewebefäden = 10 cm
Gewebebreiten: 140 und 180 cm
Material: 60% Viskose,
40% Baumwolle
Ausrüstung: pflegeleicht
Waschen: 60°C
Bügeln: •••

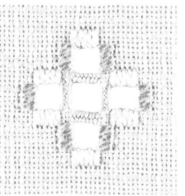

Das besondere Merkmal von ARIOSA ist seine ausdrucksvolle Flammenstruktur. Sie entsteht, indem matte Baumwollflamme mit glänzender Viskose zusammengesetzt wird. Das Gewebe bleibt aber trotz des Flammenzwirns gut auszählbar.

Zusammen mit der grafischen Grundstruktur der Hardanger-Stickerei entsteht eine ganz charakteristische Wirkung. ARIOSA eignet sich auch besonders dann, wenn Sie nicht so üppig bestickte Modelle arbeiten und die Gewebestruktur mitwirken lassen. ARIOSA ist nur geringfügig dichter gewebt als DAVOSA, so daß alle Maßangaben bei den Zählvorlagen für DAVOSA ungefähr auch für dieses Gewebe gelten und damit austauschbar sind. Sie verwandelt ebenmäßige, glatte Modelle in eine rustikalere Richtung.

10 Kästchen in der Zählvorlage: = ca. 53 mm
10 cm im Gewebe = ca. 19 Kästchen

FLOBA 1198

ca. 69 Gewebefäden = 10 cm
Gewebebreiten: 140 und 170 cm
Material: 70% Viskose,
30% Leinen
Ausrüstung: pflegeleicht
Waschen: 60°C
Bügeln: •••

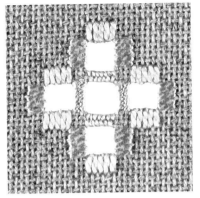

FLOBA ist ein Zählstoff aus Leinenmischzwirn. Die gleichmäßige Beimischung von Leinenfasern im Spinnprozeß gibt diesem Flockenbastgewebe den unverwechselbaren Charakter von naturbelassenem Leinen. Durch die Viskosefasern erhält das Gewebe Glanz. Naturcharakter und Hardanger-Durchbruch verbinden sich in reizvollem Kontrast. Die Fadendichte ist der von DAVOSA sehr ähnlich, so daß Sie viele Originalmodelle umsetzen können. Um die Schönheit Ihrer Handarbeit zu erhalten, nur Feinwaschmittel ohne Bleichzusätze und optischen Aufheller verwenden, da sonst der Farbton der rohen Leinenfasern verlorengeht.

10 Kästchen in der Zählvorlage = ca. 58 mm

10 cm im Gewebe = ca. 17 Kästchen

CARRARA 3969

ca. 71 Gewebefäden = 10 cm
Gewebebreite: 140 cm
Material: 100% Polyacryl
Waschen: 30°C
Bügeln: •

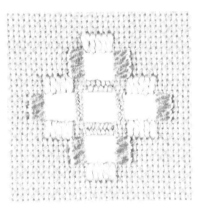

CARRARA ist wie DAVOSA ein glattes und regelmäßiges Gewebe aus mehrfach gezwirntem Garn. Die Fadendichten sind identisch. Deshalb können Sie alle Zählvorlagen von DAVOSA ohne Abänderung auf dieses Gewebe übernehmen.

Der wesentliche Unterschied liegt im Fasermaterial. Wenn Sie besonderen Wert auf Pflegeleichtigkeit legen, ist dieses vollsynthetische Gewebe das richtige für Sie; zu berücksichtigen ist dabei nur, daß die Waschtemperatur 30°C nicht überschreitet. Das Stickmaterial bleibt gleich, und falls Sie Gold- oder Silbergarne mit versticken, entstehen keine Probleme.

10 Kästchen in der Zählvorlage = ca. 56 mm

10 cm im Gewebe = ca. 18 Kästchen

CORK 3613

ca. 75 Gewebefäden = 10 cm
Gewebebreite: 140 cm
Material: 100% Reinleinen
Waschen: 95°C
Bügeln: •••

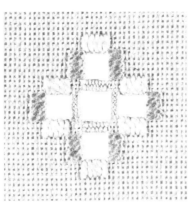

CORK ist ein besonders edles Gewebe, das auch unter der Bezeichnung Grobsiebleinen oder schweres Siebleinen bekannt ist.

Die offene Webart bringt die Leinenstruktur und das glatte, sanft glänzende Flachsgarn voll zur Geltung. Seine Transparenz zusammen mit der Hardanger-Stickerei läßt dieses Gewebe trotz seiner relativ geringen Fadendichte niemals grob erscheinen. Zinnenränder oder Gegenstände, die strapaziert werden, sollten Sie aus dem Gewebe allerdings nicht machen, dafür eignen sich andere Handarbeitsstoffe besser.

10 Kästchen in der Zählvorlage = ca. 53 mm
10 cm im Gewebe = ca. 19 Kästchen

BELLANA 3256

ca. 80 Gewebefäden = 10 cm
Gewebebreiten: 140 und 180 cm
Material: 52% Baumwolle, 48% Viskose
Ausrüstung: pflegeleicht
Waschen: 60°C
Bügeln: •••

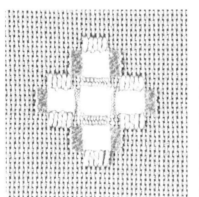

BELLANA ist ein perliger, besonders gut zählbarer Handarbeitsstoff. Mehrfachzwirn und Viskosebeimischungen bringen den glatten, edel glänzenden Ausdruck und eine übersichtliche Gewebestruktur. Er liegt mit seiner Fadenzahl zwischen DAVOSA und LUGANA, nach der einen Seite also etwas feiner in der Optik, aber doch nicht so arbeitsintensiv wie die feinen Hardanger-Gewebe. Er wird daher häufig von Hardanger-Stickerinnen bevorzugt, die die Technik bereits kennen, aber die kürzere Stickzeit, auch für größere Modelle, zu schätzen wissen. Auch die Kombination mit Kreuzstich bietet sich hier an, da über zwei Fäden gestickter Kreuzstich bereits zart und duftig erscheint. BELLANA gibt es auch mit Gold- und Silbereffekt für festliche und Weihnachts-Stickereien. Hier gilt dann allerdings max. 30°C-Wäsche.

10 Kästchen in der Zählvorlage = ca. 50 mm
10 cm im Gewebe = ca. 20 Kästchen

OSLO 3947

ca. 87 Stiche im Gewebe = 10 cm
Gewebebreite: 170 cm
Material: 100% Baumwolle
Ausrüstung: mercerisiert, pflegeleicht
Waschen: helle Farben 95°C, dunkle Farben 60°C
Bügeln: •••

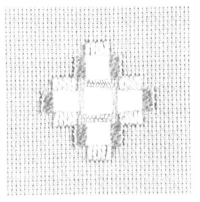

OSLO hat die traditionelle skandinavische Hardanger-Struktur und wird daher auch häufig als „Hardangerstoff" bezeichnet. Typisch dafür ist die sogenannte Panamabindung, bei der sich die Fäden paarweise im Gewebe verkreuzen. Solch ein Fadenpaar nennt man „Stich", und es wird beim Auszählen als ein Faden behandelt. Tatsächlich haben wir eine Fadenzahl von ca. 175 dünnen Fäden auf 10 cm, wodurch das Gewebe feiner aussieht und trotzdem so leicht zu zählen ist wie die gröberen Garnstrukturen. Bei OSLO kommen noch Glanz und brillanter Farbausfall durch die mercerisierte Baumwolle hinzu.

10 Kästchen in der Zählvorlage = ca. 46 mm
10 cm im Gewebe = ca. 22 Kästchen

LUGANA 3835

ca. 100 Gewebefäden = 10 cm
Gewebebreiten: 140 und 170 cm
Material: 52% Baumwolle, 48% Viskose
Ausrüstung: pflegeleicht
Waschen: 60°C
Bügeln: •••

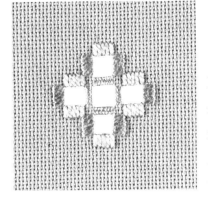

LUGANA ist ein feiner, glatter Zählstoff. Durch den runden, dreifachen Zwirn erhält er eine perlige Oberfläche und bleibt daher trotz seiner hohen Dichte gut zählbar. Die Viskosebeimischung verleiht ihm den typischen sanften Glanz. Mit zehn Fäden auf den Zentimeter kommen wir in den Bereich der Gewebe für den Hardanger-Geübten, der für Feines, Elegantes und Zartes etwas mehr Zeit investiert. Es ist kein höherer Schwierigkeitsgrad, die Technik bleibt die gleiche, und ein Untersetzer, eine Glückwunschkarte sind nicht nur von Profis zu bewältigen.

10 Kästchen in der Zählvorlage = ca. 40 mm
10 cm im Gewebe = ca. 25 Kästchen

DUBLIN 3604

ca. 100 Gewebefäden = 10 cm
Gewebebreiten: 140 und 170 cm
Material: 100% Reinleinen
Waschen: 95°C
Bügeln: •••

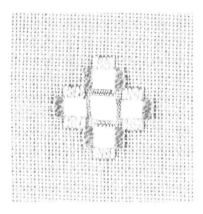

DUBLIN ist das klassische Sieblinen und das feine Gegenstück zu CORK. Das offene Gewebe aus glattem, edlem Flachsgarn in feiner Ausspinnung wirkt zart und transparent. Wenn nun noch Hardanger-Stickerei dazukommt, entsteht eine besondere Kostbarkeit. Auch hier gilt wie bei CORK: Zinnenränder sollten Sie vermeiden. Allenfalls kommt, wenn Sie besonders pfleglich mit Ihrer Stickerei umgehen, der besonders gefestigte Zinnenrand, wie auf Seite 11 beschrieben, in Betracht.

10 Kästchen in der Zählvorlage = ca. 40 mm
10 cm im Gewebe = ca. 25 Kästchen

MERAN 3972

ca. 107 Gewebefäden = 10 cm
Gewebebreiten: 140 und 180 cm
Material: 60% Viskose,
40% Baumwolle
Ausrüstung: pflegeleicht
Waschen: 60°C
Bügeln: •••

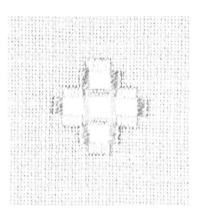

Bei MERAN ist ebenso wie bei ARIOSA eine matte Baumwollflamme mit glänzender Viskose zusammengezwirnt. Das Gewebe ist nur feiner und flächiger, aber ebenso ausdrucksstark und unverwechselbar in seinem Charakter. Wie bei ARIOSA gilt auch hier, daß diese zarte Stickerei in Kombination mit dem strukturierten Gewebe nicht so üppig gestickt zu werden braucht, um dekorative Wirkung zu entfalten. Sowohl MERAN als auch ARIOSA gibt es in Modefarben, so daß Sie eine traditionelle Stickerei durch ein aktuelles Element ergänzen können.

10 Kästchen in der Zählvorlage = ca. 37 mm
10 cm im Gewebe = ca. 27 Kästchen

ANNABELLE 3240

ca. 112 Gewebefäden = 10 cm
Gewebebreiten: 140 und 180 cm
Material: 100% Baumwolle
Ausrüstung: pflegeleicht
Waschen: 60°C
Bügeln: •••

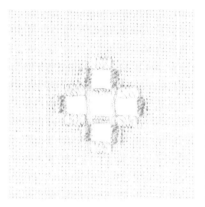

ANNABELLE ist ein feines, dichtes Strukturgewebe aus reiner Baumwolle. Es wird durch schwache Flammen in großen Abständen belebt und bleibt dabei gleichmäßig und gut auszählbar. Seine Oberfläche hat Leinencharakter, gleichzeitig aber die Pflegeeigenschaften von reiner Baumwolle und ist daher leichter zu bügeln. Für Liebhaber sehr feiner Hardanger-Arbeiten ist es ein ideales Grundgewebe.

10 Kästchen in der Zählvorlage = ca. 36 mm
10 cm im Gewebe = ca. 28 Kästchen

BELFAST 3609

ca. 122 Gewebefäden = 10 cm
Gewebebreite: 140 cm
Material: 100% Reinleinen
Waschen: 95°C
Bügeln: •••

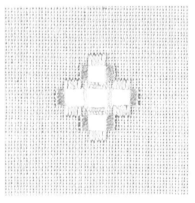

BELFAST ist ein feines und glattes Reinleinengewebe aus Langfaserflachsgarn, dicht gewebt und trotzdem gut zu zählen. Es ist für Hardanger das edelste und feinste in dieser Gewebeaufstellung und für begeisterte, ausdauernde und geübte Hardanger-Sticker genau das richtige Grundmaterial für ein Stickerei-Kunstwerk.
Bei noch feineren Geweben wird das Zählen schwieriger, und das Hardanger-Grundraster wird dann besser von vier auf sechs Gewebefäden erweitert.

10 Kästchen in der Zählvorlage = ca. 33 mm
10 cm im Gewebe = ca. 31 Kästchen

Kissen, Tagesdecke und Mitteldecke

DAVOSA 3770

Kissen: ca. 40 x 40 cm
Tagesdecke: ca. 120 x 200 cm
Mitteldecke: ca. 70 x 70 cm (Seite 32)

STICKGARN
Plattstichmotive: Perlgarn Nr. 3
Stege: Perlgarn Nr. 8, dicht umwickelt

Zählvorlagen auf Seite 30 und 31

Um Ihnen das Nacharbeiten der Modelle zu erleichtern, ist die Zählvorlage (Motiv A + B) gleichzeitig eine originalgetreue Abbildung der verwendeten Motive. Es ist jeweils ein Viertel des Motives fotografiert und der Mittelstich mit einer gestrichelten Linie markiert. Zuerst die Mitte des Kissens oder der Decke festlegen und davon ausgehend die Stickerei verteilen, damit bei der fertigen Stickerei gleichbreite Ränder stehenbleiben.

KISSEN
Die Kissen entstehen, indem Sie jeweils ein Motiv ganz oder auch nur teilweise, zum Beispiel das Mittelmotiv, nacharbeiten.

TAGESDECKE
Die Decke wird in einzelnen Kissenteilen 40 x 40 cm groß gearbeitet. Sie benötigen achtmal Motiv B ohne Festonrand und siebenmal das Mittelmotiv A, die handlichen Einzelteile werden dann zu einer Decke zusammengenäht.
Ein farblich abgestimmter Futterstoff unter der Hardanger-Stickerei lassen diese besonders schön zur Geltung kommen.

MITTELDECKE (Seite 32)
Die Decke beginnen Sie mit dem Mittelmotiv A, das diagonale Rautenmotiv nach jeder Seite hin um eine Raute weiterarbeiten, dann das Randmotiv laut Zählanleitung.
Die passende Unterdecke dazu ist mit dem Festonrand von Motiv B gesäumt.

Motiv A Motive der Seiten 27 und 32

Motiv B

Zählvorlagen zu Seite 26 und 27

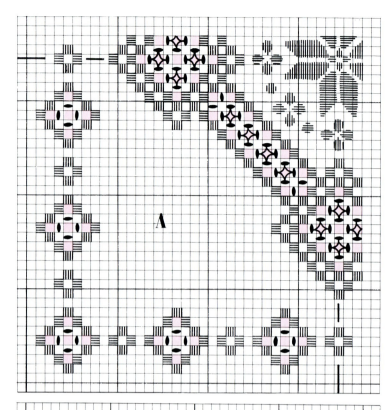

Die Zählvorlagen A und B zeigen jeweils ein Viertel des Kissens. C zeigt etwas mehr als ein Viertel der gelben Mitteldecke von Seite 32. Die Zählvorlagen immer jeweils um ein Viertel drehen und an der gestrichelten Mittellinie ansetzen. Die Hardanger-Vorlagen sind im Vierfadenraster, die Detailzeichnung für das Plattstichmotiv ist fadenweise gezeichnet.

Detail Plattstichmotiv

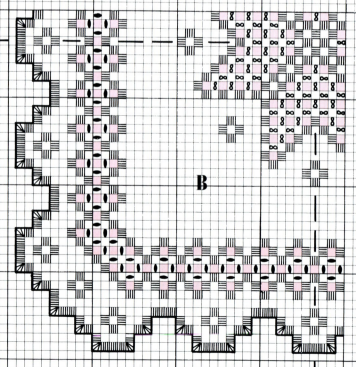

Zählvorlage zu Seite 26 und 32

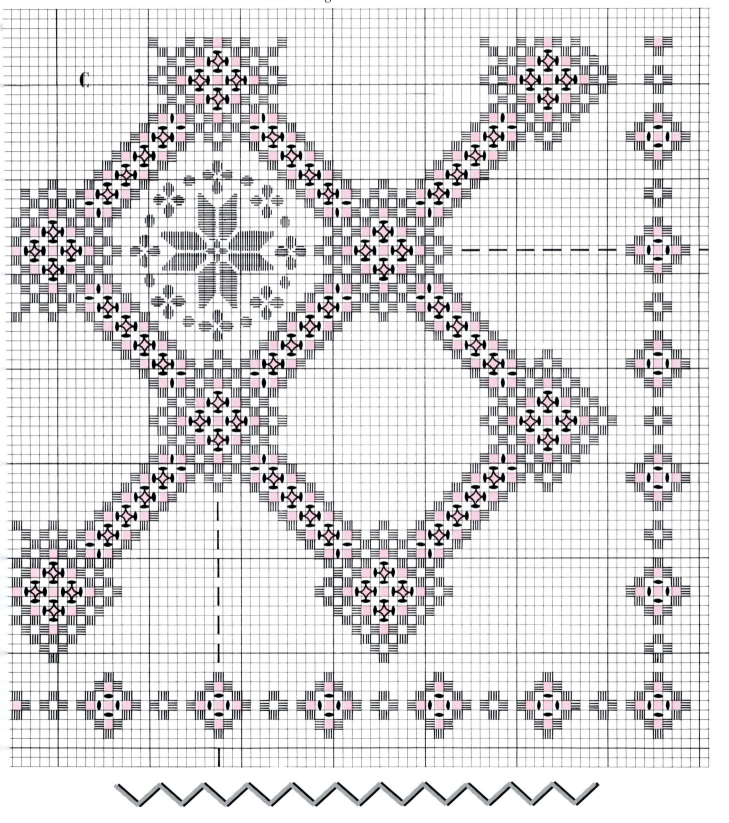

Mitteldecke (Anleitung Seite 26)

Weiße Tischdecke (Anleitung Seite 34)

Weiße Tischdecke

(Abb. Seite 33)
DAVOSA 3770/1 oder CARRARA 3969/11

Modellgröße: ca. 79 x 79 cm
Stoffgröße: ca. 90 x 90 cm

Stickgarn
Plattstichmotive: Perlgarn Nr. 3
Umwicklungen: Perlgarn Nr. 8

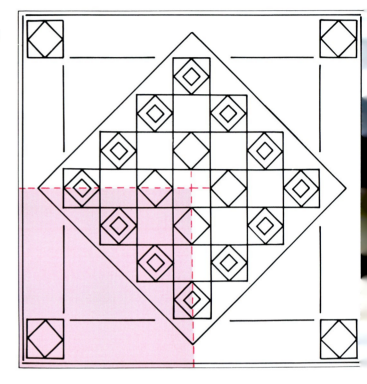

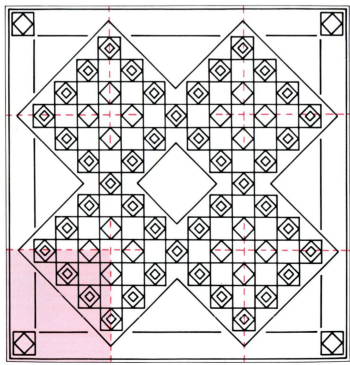

Aufteilungsvorschlag Tischdecke
Stickereigröße ca. 120 x 120 cm

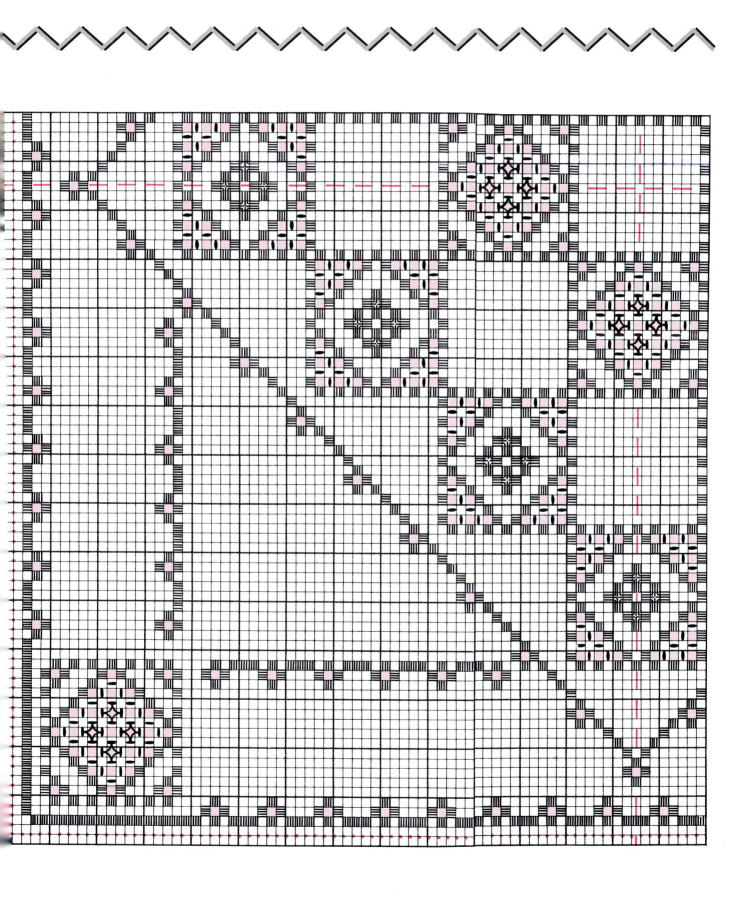

Rosa Mitteldecke

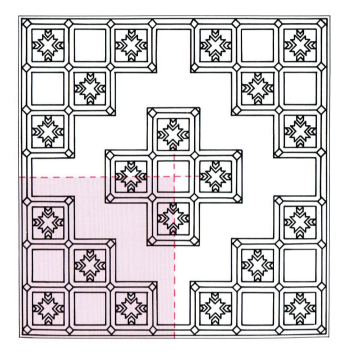

DAVOSA 3770/449

Modellgröße: ca. 79 x 79 cm
Stoffgröße: ca. 90 x 90 cm

STICKGARN
Plattstichmotive: Perlgarn Nr. 3
Umwicklungen: Perlgarn Nr. 8

Zählvorlage auf Seite 38

Siehe auch das rosa Kissen auf Seite 54 und 55.

Plattstichmotiv

Zählvorlage zu Seite 36, 37 und rosa Kissen Seite 54

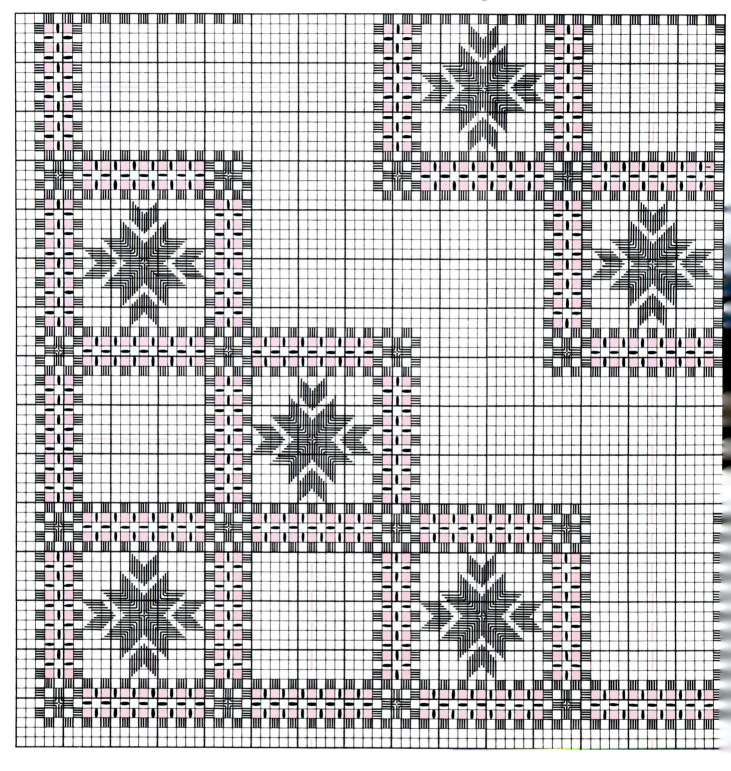

Zählvorlage zu Seite 40 und 41

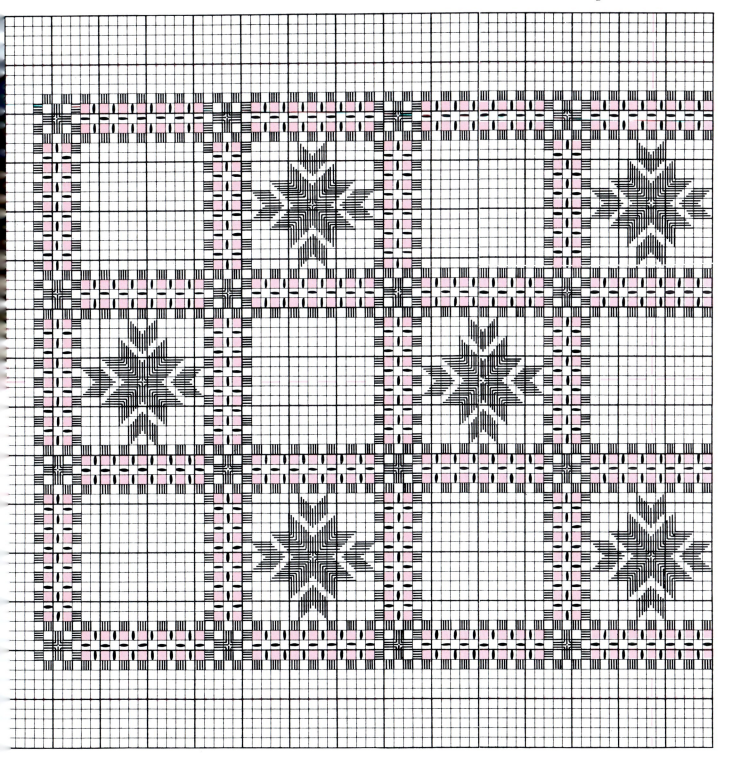

Weißer Läufer

DAVOSA 3770/1 oder CARRARA 3969/11

Modellgröße: ca. 38 x 79 cm
Stoffgröße: ca. 50 x 90 cm

Stickgarn
Plattstichmotive: Perlgarn Nr. 3
Umwicklungen: Perlgarn Nr. 8

Zählvorlage auf Seite 39

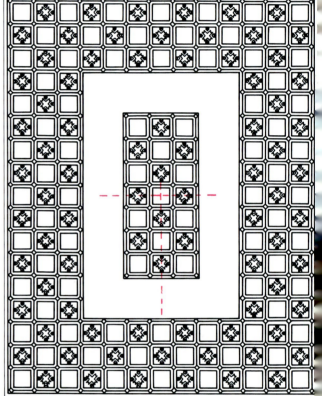

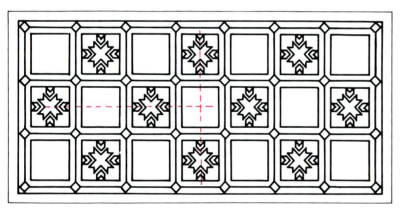

Das Plattstichmotiv ist auf Seite 36 fadengenau dargestellt.

Aufteilungsvorschlag Tischdecke
Stickereimaß: ca. 132 x 175 cm

Das Mittelmotiv entspricht dem des Läufers. Die Randbordüre hat 124 Gewebefäden Abstand vom Mittelteil. Dies entspricht zwei Motivkaros.

Rosa Läufer

DAVOSA 3770/449

Modellgröße: ca. 79 x 42 cm
Stoffgröße: ca. 90 x 55 cm

STICKGARN
Plattstichmotive: Perlgarn Nr. 3
Umwicklungen: Perlgarn Nr. 8

Zählvorlage auf Seite 44

Plattstichmotiv

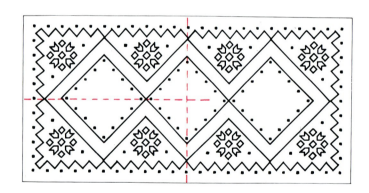

Der Läufer kann jederzeit auch verlängert werden, indem Sie den Mustersatz (144 Fäden) wiederholen. So wird er um je ca. 20,5 cm verlängert.

Einen Aufteilungsvorschlag für ein Kissen finden Sie auf Seite 53.

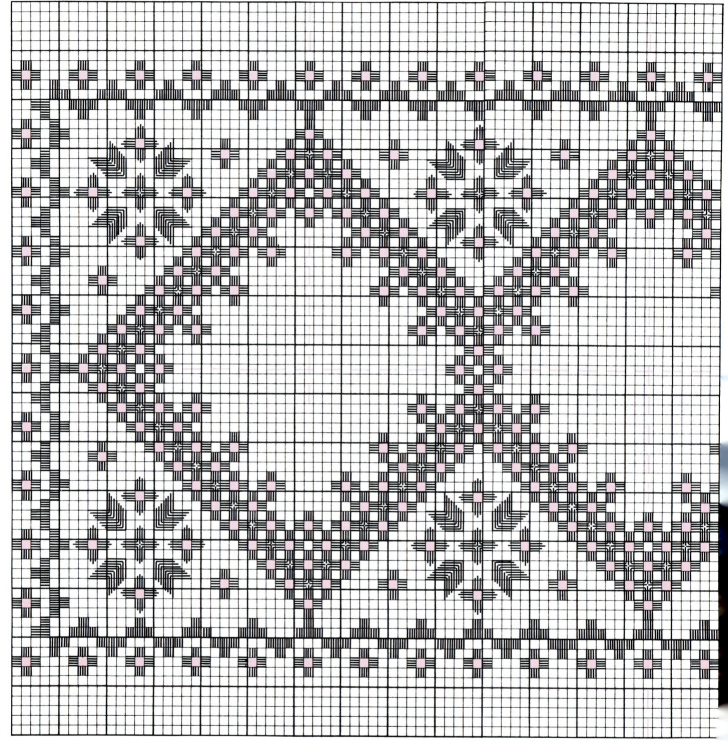

Zählvorlage zu Seite 42 und 4

Zählvorlage zu Seite 46 und 47

Beige Mitteldecke

DAVOSA 3770/264 oder CARRARA 3969/252

Modellgröße: ca. 79 x 79 cm
Stoffgröße: ca. 90 x 90 cm

STICKGARN
Plattstichmotive: Perlgarn Nr. 3
Umwicklungen: Perlgarn Nr. 8

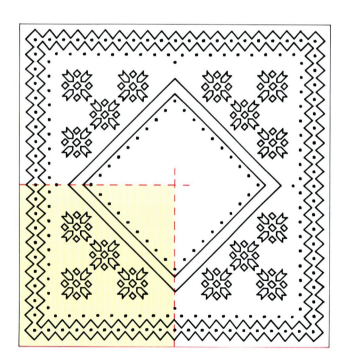

Plattstichmotiv

Zählvorlage auf Seite 45

Weiße Mitteldecke

DAVOSA 3770/1 oder CARRARA 3969/11

Modellgröße: ca. 79 x 79 cm
Stoffgröße: ca. 90 x 90 cm

STICKGARN
Plattstichmotive: Perlgarn Nr. 3
Umwicklungen: Perlgarn Nr. 8

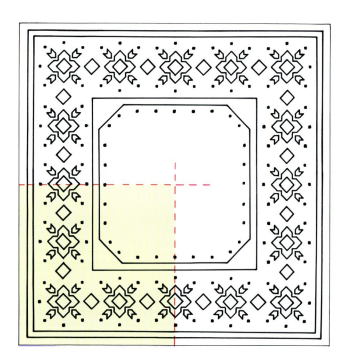

Plattstichmotiv

Zählvorlage auf Seite 50

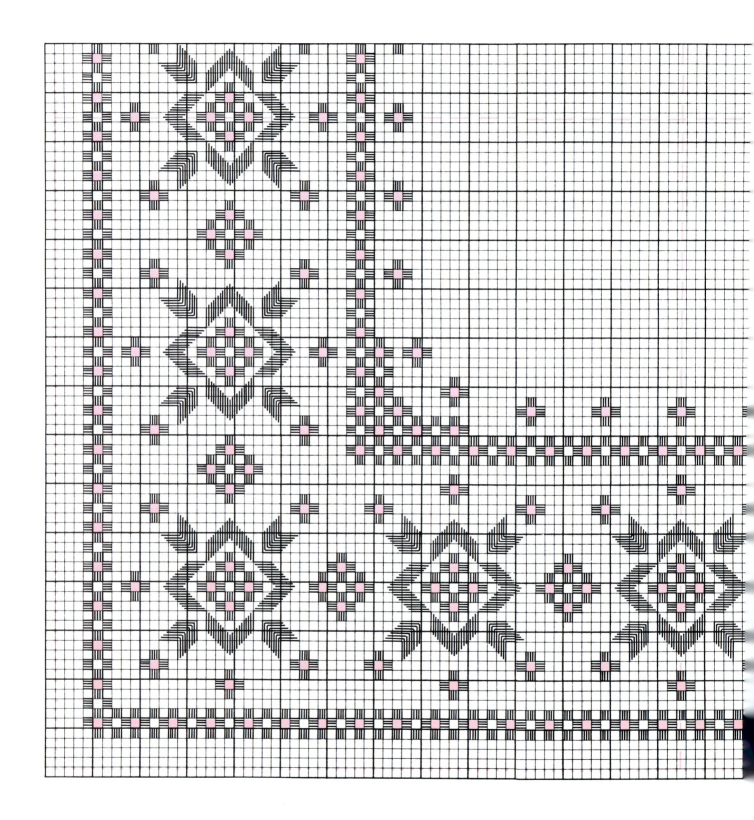

Zählvorlage zu Seite 48 und

Grünes Kissen

Zählvorlage zu Seite 55

Graues Kissen
Zählvorlage zu Seite 54 und 55

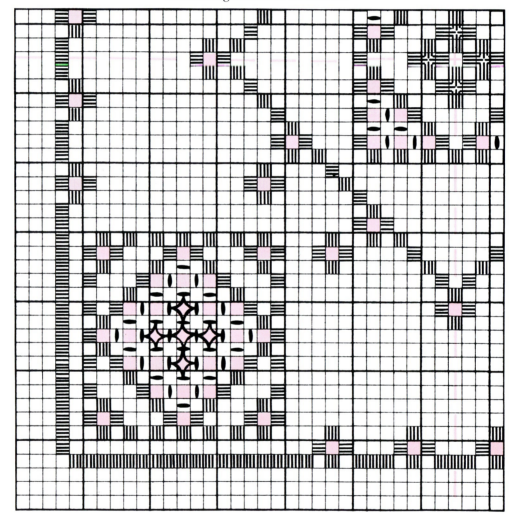

Aufteilungsvorschlag Kissen
Größe: ca. 40 x 40 cm
zu Seite 42 und 43

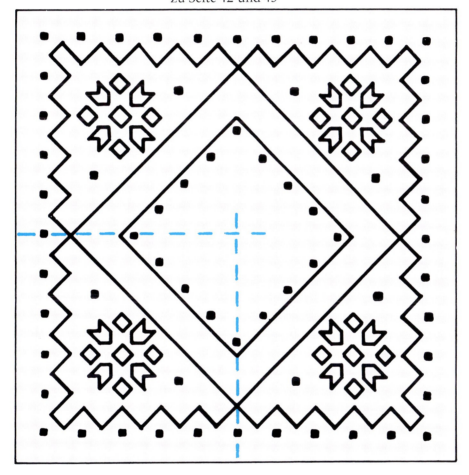

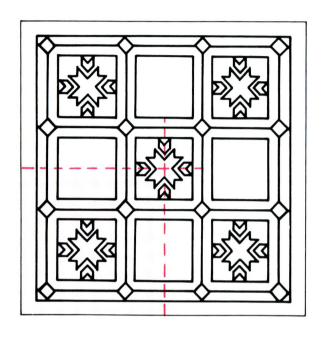

Rosa kissen
Davosa 3770/430

Modellgröße: ca. 40 x 40 cm
Stoffgröße: ca. 50 x 90 cm

Stickgarn
Plattstichmotive: Perlgarn Nr. 3
Umwicklungen: Perlgarn Nr. 8

Das Kissenmotiv entspricht stichgenau dem linken Teil der Zählvorlage auf Seite 38.

Plattstichmotiv siehe Seite 36

Graues kissen
Davosa 3770/708 oder Carrara 3969/708

Modellgröße: ca. 40 x 40 cm
Stoffgröße: ca. 50 x 90 cm

Stickgarn
Plattstichmotive: Perlgarn Nr. 3
Umwicklungen: Perlgarn Nr. 8

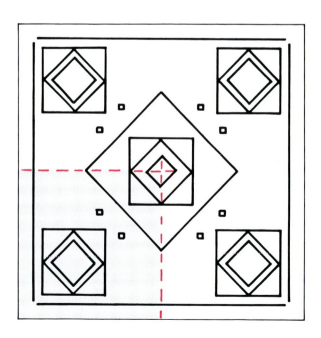

Zählvorlage auf Seite 52

Pastelltönen

Grünes Kissen
DAVOSA 3770/629

Modellgröße: ca. 40 x 40 cm
Stoffgröße: ca. 50 x 90 cm

Stickgarn
Plattstichmotive: Perlgarn Nr. 3
Umwicklungen: Perlgarn Nr. 8

Zählvorlage auf Seite 51

Rollo

Das Originalmodell ist auf MERAN gestickt.
Die Wiederholung des Mustersatzes richtet sich nach der Breite Ihres Fensters. Rechts und links gleichen Sie mit einem verlängerten oder verkürzten Rand aus, und die seitlichen Langettenränder laufen beliebig hoch. Dadurch erhalten Sie eine maßgerechte Fensterdekoration.

MERAN 3972 oder ARIOSA 3711

MERAN Mustersatz ca. 20 cm
Bortenhöhe ca. 21 cm

ARIOSA Mustersatz ca. 28 cm
Bortenhöhe ca. 30 cm

STICKGARN
ARIOSA Plattstich: Perlgarn Nr. 3
Umwicklungen: Perlgarn Nr. 8
MERAN Plattstich: Perlgarn Nr. 5
Umwicklungen: Perlgarn Nr. 8

Zählvorlage auf Seite 58 und 59

AUFTEILUNGSVORSCHLAG BLUMENDECKE

Bei der Zählvorlage die erste große Blume weglassen und nur den Bogen sticken. Die Zählvorlage um 90° drehen und in der Ecke im Muster ansetzen. Die Kante wie bei der Gardine arbeiten. Das Deckenmaß kann um weitere Mustersätze von je 20 cm bei MERAN, 28 cm bei ARIOSA vergrößert werden.

LANGETTENRAND
MERAN Perlgarn Nr. 8
ARIOSA Perlgarn Nr. 5

Nachdem die Hardanger-Arbeit fertig ist, den Stoff zwölf Gewebefäden vom Rand entfernt abschneiden. Schneiden Sie am besten immer nur stückweise, damit der Rand nicht ausfranst, ehe er befestigt ist.
Die Schnittkante vier Fäden breit einschlagen und den Langettenrand laut Skizze ausführen. Es sind abwechselnd fünf Stiche über vier Gewebefäden und drei Stiche über acht Gewebefäden, die sich in die Hardanger-Lücken einfügen. An den Ecken fünf Langettenstiche in dieselbe Einstichstelle arbeiten.

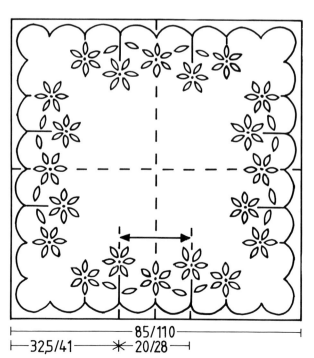

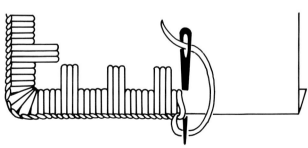

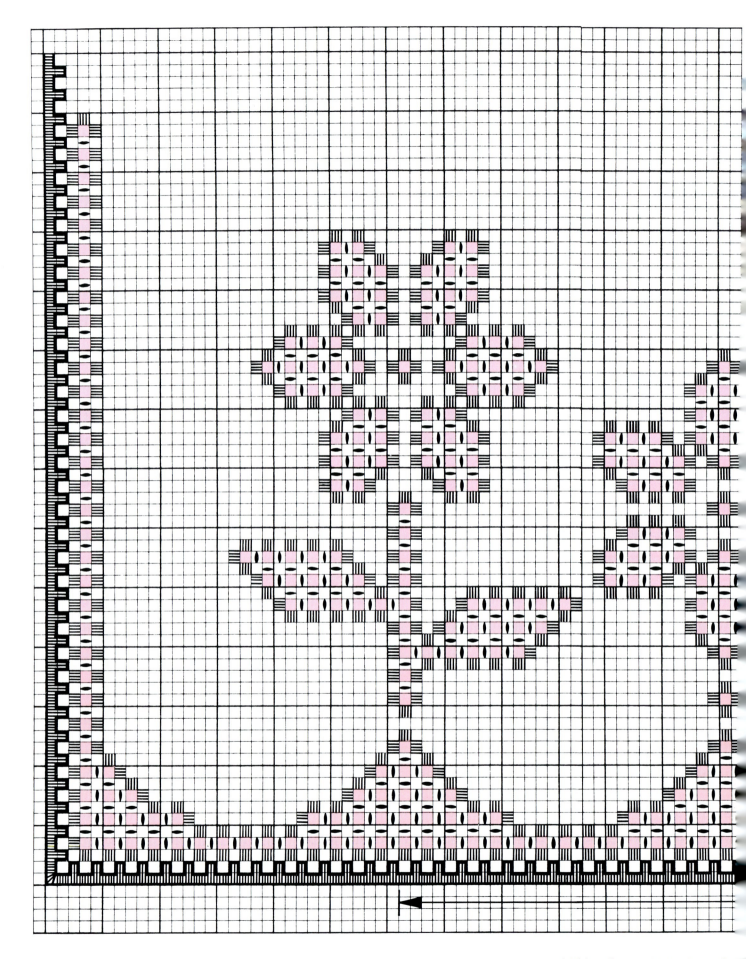

Zählvorlage zu Seite 56 und 57

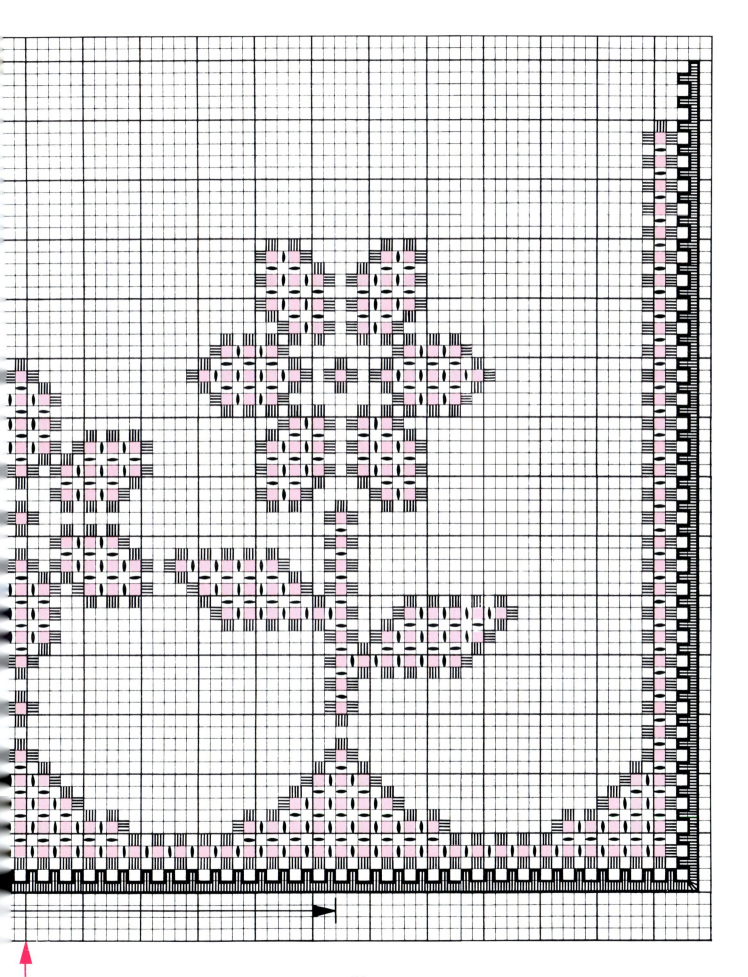

Decke Blütenspitze

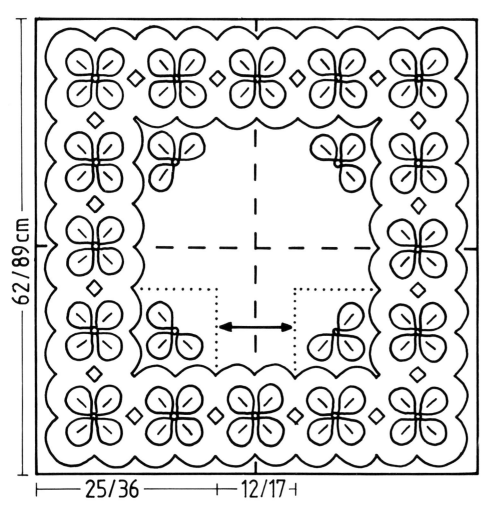

ARIOSA 3711
Stickfeldgröße: ca. 89 x 89 cm

MERAN 3972
Stickfeldgröße: ca. 62 x 62 cm

Das Originalmodell ist auf ARIOSA gestickt. Fertigmaß ca. 95 x 95 cm Stoffmaß ca. 105 x 105 cm.

STICKGARN
ARIOSA   Plattstich: Perlgarn Nr. 3
                Umwicklungen: Perlgarn Nr. 8
MERAN   Plattstich: Perlgarn Nr. 5
                Umwicklungen: Perlgarn Nr. 8

Die gestrichelte Linie ist die Mittellinie. Die Blütenmotive laut Schem aufteilen. Der Mustersatz innerhalb de Pfeils kann für größere Decken belie big oft wiederholt werden. Er miß bei ARIOSA ca. 17 cm, bei MERAN ca. 12 cm. Die Hohlsaumlinie ist 2 Gewebefäden vom Stickrand entfern Saum siehe Seite 13.

Zählvorlage auf Seite 62 und 63

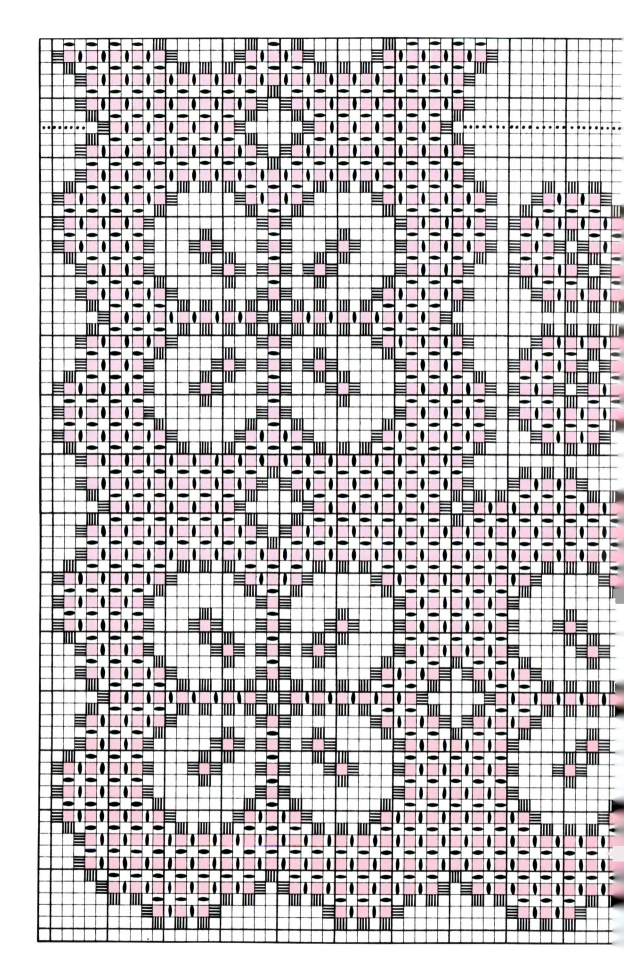

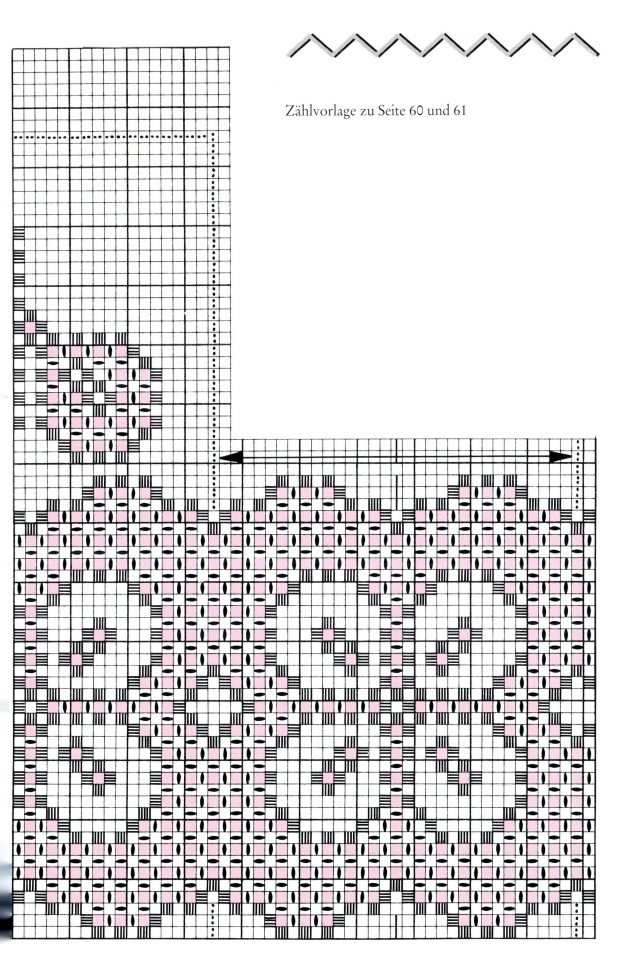

Zählvorlage zu Seite 60 und 61

Fensterbilder

Herzen-Fensterbild

MERAN 3972
Durchmesser: ca. 27 cm
Stoffbedarf: ca. 37 x 37 cm

ARIOSA 3711
Durchmesser: ca. 39 cm
Stoffbedarf: ca. 49 x 49 cm

Stickgarn
ARIOSA Plattstich: Perlgarn Nr. 3
         Umwicklungen: Perlgarn Nr. 8
MERAN   Plattstich: Perlgarn Nr. 5
         Umwicklungen: Perlgarn Nr. 8

Rundes Blumen-Fensterbild

MERAN 3972
Durchmesser: ca. 18,5 cm
Stoffbedarf: ca. 28 x 28 cm

ARIOSA 3711
Durchmesser: ca. 26 cm
Stoffbedarf: ca. 36 x 36 cm

Stickgarn
ARIOSA Plattstich: Perlgarn Nr. 3
         Umwicklungen: Perlgarn Nr. 8
MERAN   Plattstich: Perlgarn Nr. 5
         Umwicklungen: Perlgarn Nr. 8

Zählvorlagen auf Seite 66 und 67

Anleitung und Zählvorlage des ovalen Fensterbildes auf Seite 68 und 69

Die Originalmodelle der Fensterbilder sind auf MERAN gestickt.
Die genaue Größe richtet sich nach den handelsüblichen Ringen, die es im Bastelbedarf gibt. Deshalb vor dem Stoff einen Ring kaufen. Die benötigte Stoffgröße ist dann ein Quadrat, das ca. 10 cm größer als der Ringdurchmesser ist.

Fertigstellung

Auf das fertige Hardanger-Motiv den Ring legen und auf der Rückseite den Umfang nachzeichnen. Im Abstand von 1,5 cm rund herum eine Zickzacknaht steppen, dann erst den Stoff abschneiden. Die Zugabe um den Ring legen und an vier gegenüberliegenden Punkten feststecken, dann den ganzen Kreis feststecken (1). Von der Vorderseite den Ring abwechselnd mit einem senkrechten und einem schrägen Stich übersticken (2). Die Stoffkante auf der Rückseite nicht anstechen, sondern fortlaufend unter den Ring rollen.

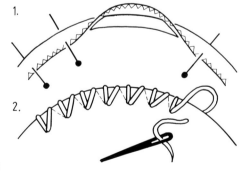

Aufteilungsvorschlag Decke

Das runde Herzmotiv in die Mitte sticken. Mit einem Hilfszirkel einen Kreis in Deckengröße ziehen. Als Hilfszirkel verwenden Sie einen doppelten Faden und verknoten ihn bei einer Länge des halben Durchmessers.

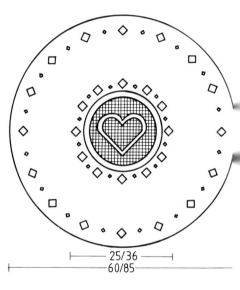

Diese Fadenschlinge in der Mitte feststecken, am anderen Ende einen Bleistift einhängen und den Kreis markieren. Dann von der Mitte aus strahlenförmig die Motivpunkte festlegen.

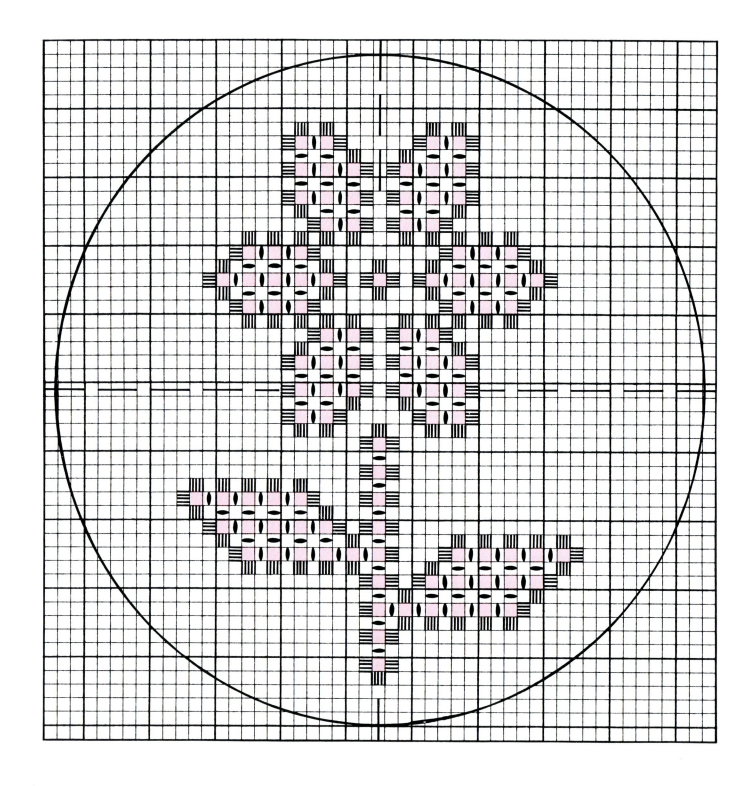

Zählvorlage zu Seite 64 und 65

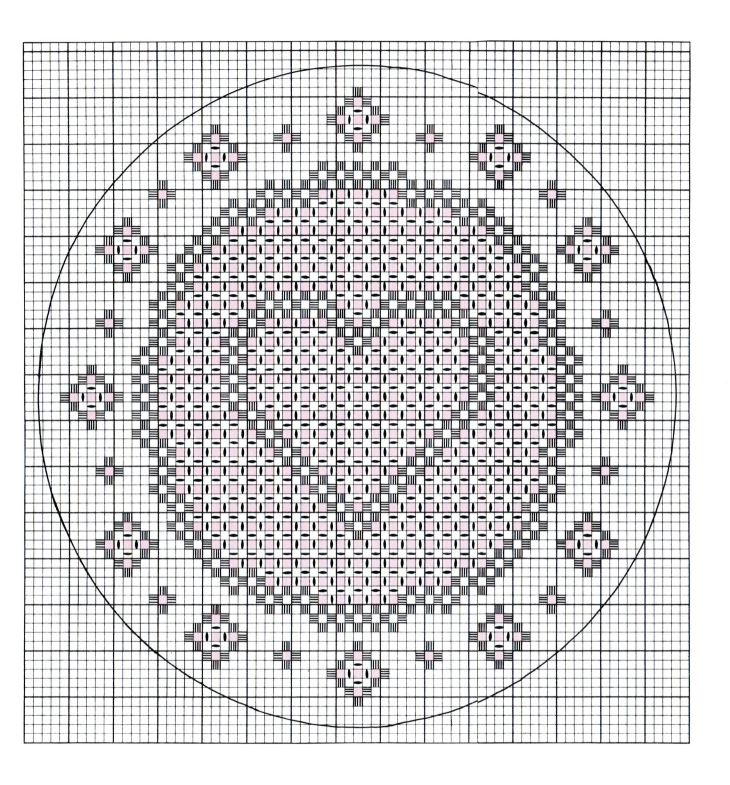

Zählvorlage zu Seite 64 und 65

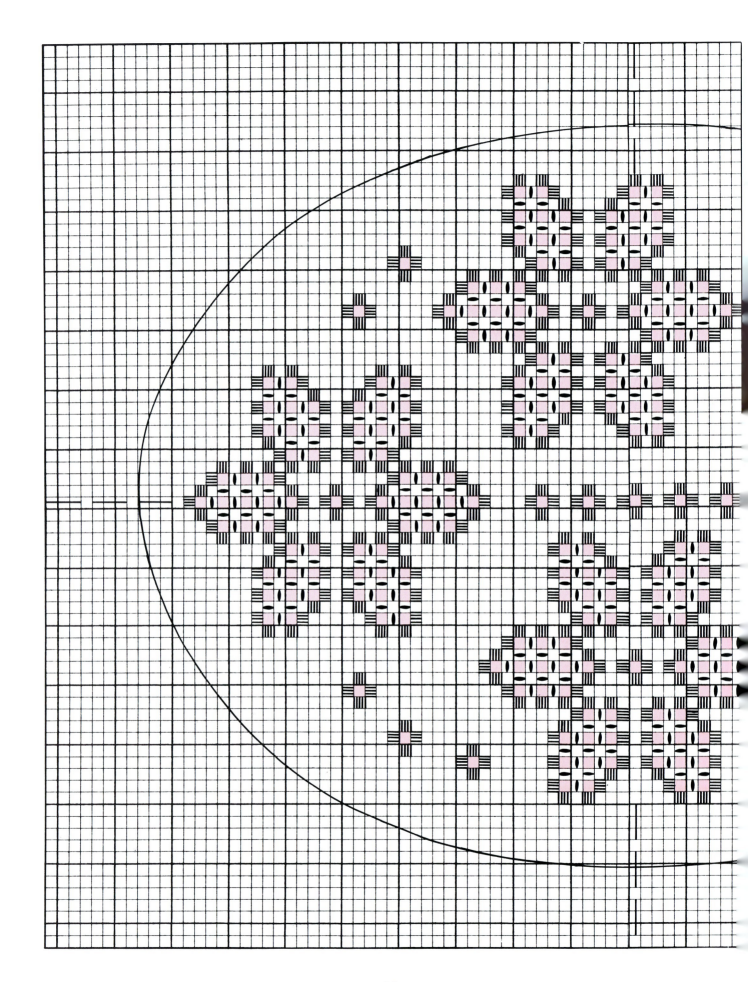

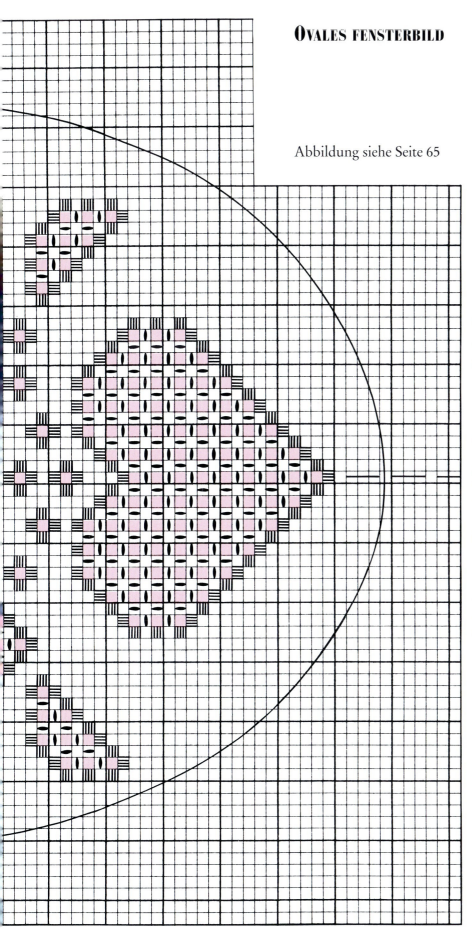

OVALES FENSTERBILD

Abbildung siehe Seite 65

MERAN 3972
Größe: ca. 24 x 33 cm
Stoffbedarf: ca. 34 x 43 cm

ARIOSA 3711
Größe: ca. 33 x 48 cm
Stoffbedarf: ca. 43 x 58 cm

STICKGARN
ARIOSA Plattstich: Perlgarn Nr. 3
  Umwicklungen: Perlgarn Nr. 8
MERAN Plattstich: Perlgarn Nr. 5
  Umwicklungen: Perlgarn Nr. 8

Ehe Sie beginnen, lesen Sie bitte die Anleitung zur Fertigstellung auf Seite 64.

Decke Blätterranke

ARIOSA 3711
Stickfeld: ca. 80 x 80 cm
Fertigmaß: ca. 92 x 92 cm
Stoffmaß: ca. 105 x 105 cm

MERAN 3972
Stickfeld: ca. 56 x 56 cm
Das Originalmodell ist auf ARIOSA gestickt.

Für weitere Modellvariationen sind in der Zählvorlage Orientierungslinien eingezeichnet.

Stickgarn
ARIOSA Plattstich: Perlgarn Nr. 3
Umwicklungen: Perlgarn Nr. 8
MERAN Plattstich: Perlgarn Nr. 5
Umwicklungen: Perlgarn Nr. 8

Die gestrichelte Linie markiert ein Viertel der Decke. Für das jeweils nächste Viertel die Zählvorlage drehen und an der gestrichelten Linie ansetzen. Die Hohlsaumlinie ist 28 Gewebefäden vom Stickrand entfernt. Saum siehe Seite 13.

Für grössere Deckenmasse
Die gepunkteten Linien begrenzen die Ecken. Das mit Pfeil gekennzeichnete Teil kann beliebig oft wiederholt werden. Maße bei MERAN ca. 18 cm, bei ARIOSA ca. 25,5 cm.

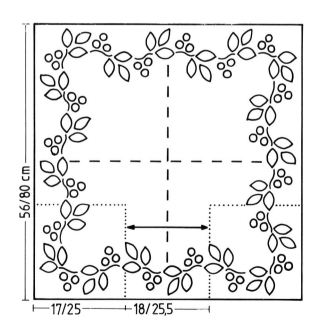

Zählvorlage auf Seite 72 und 73

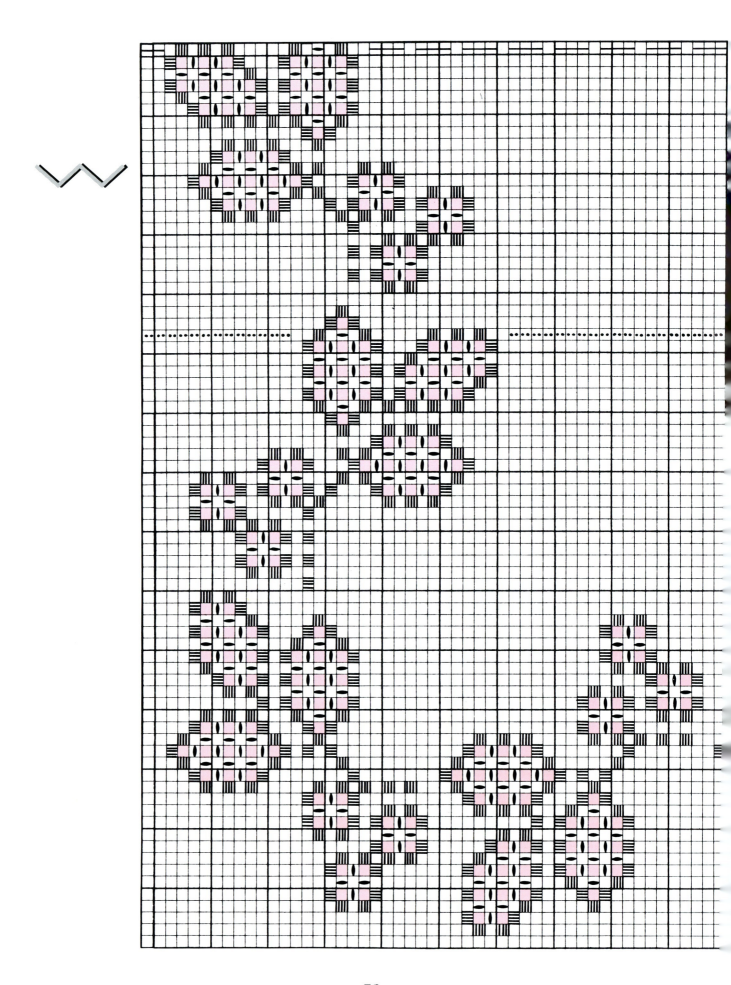

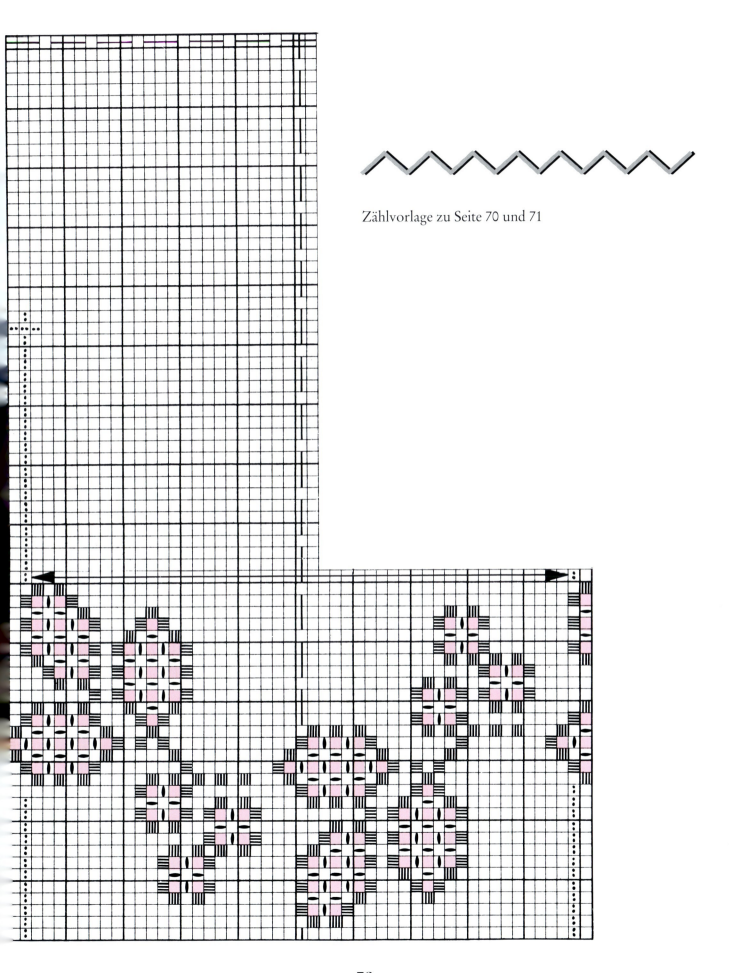

Zählvorlage zu Seite 70 und 71

Kleine Deckchen

HERZDECKCHEN

MERAN 3972
Stickfeld: ca. 25 x 25 cm

ARIOSA 3711
Stickfeld: ca. 36 x 36 cm
Größe incl. Saum: ca. 41 x 41 cm

Zählvorlagen auf Seite 78 und 79

SPITZENDECKCHEN

MERAN 3972
Stickfeld: ca. 22 x 22 cm

ARIOSA 3711
Stickfeld: ca. 31 x 31 cm
Größe incl. Saum: ca. 37 x 37 cm

STICKGARN

ARIOSA Plattstich: Perlgarn Nr. 3
        Umwicklungen: Perlgarn Nr. 8
MERAN   Plattstich: Perlgarn Nr. 5
        Umwicklungen: Perlgarn Nr. 8

Die Originalmodelle sind auf ARIOSA gearbeitet.
Die Hohlsaumlinie ist vier Gewebefäden vom Stickrand entfernt. Saum siehe Seite 13.

Vorschläge zur Aufteilung

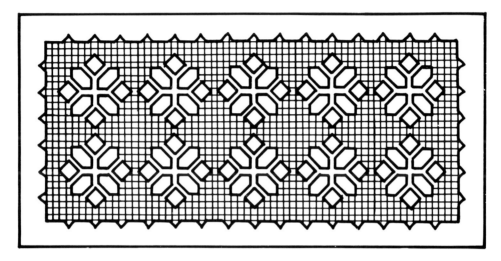

Stickfeldgröße der Skizze
MERAN: ca. 22 x 51 cm
ARIOSA: ca. 31 x 72 cm

LÄUFER
Bei gleicher Motivbreite den Mustersatz zwischen dem Pfeil beliebig oft wiederholen. Er beträgt ca. 9,5 cm bei MERAN und ca. 13,5 cm bei ARIOSA.

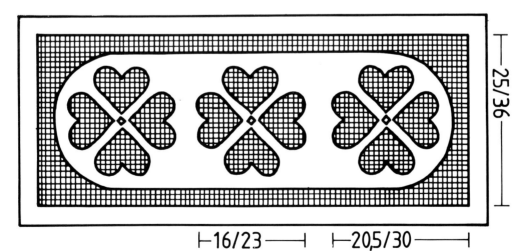

LÄUFER
An beiden Enden des Läufers je ein halbes Motiv plazieren, dazwischen das gerade Stück beliebig verlängern.

Vorschläge zur

TISCHDECKE
Die Zählvorlage von Seite 79 im Schachbrett anordnen und in die Lücken nur das innere Motiv setzen.

KISSEN
Das Motiv hat die ideale Größe für eine Kissenmitte bei ARIOSA. Für MERAN brauchen Sie nur das Gitterwerk nach außen zu erweitern.

Zählvorlage auf Seite 79

Aufteilung

KISSEN
Stickfeldgröße der Skizze
MERAN: ca. 32 x 32 cm
ARIOSA: ca. 46 x 46 cm

Zählvorlage auf Seite 78

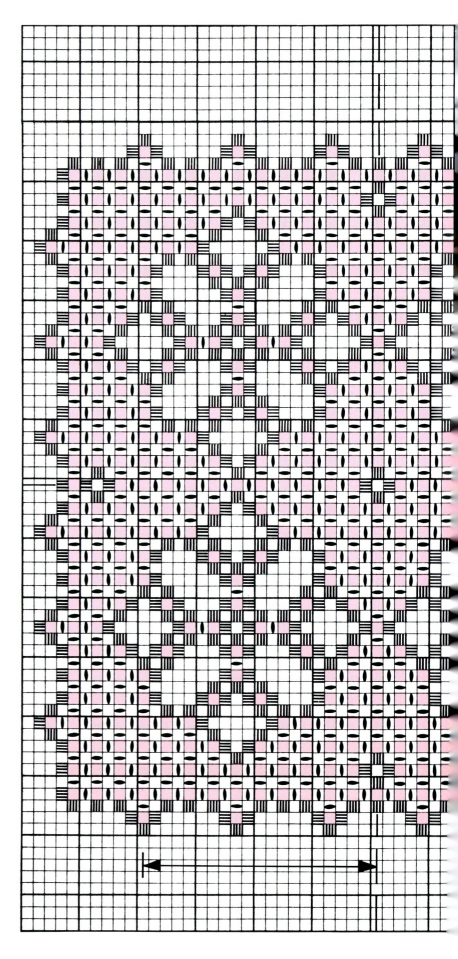

Zählvorlage zu Seite 74 bis 77

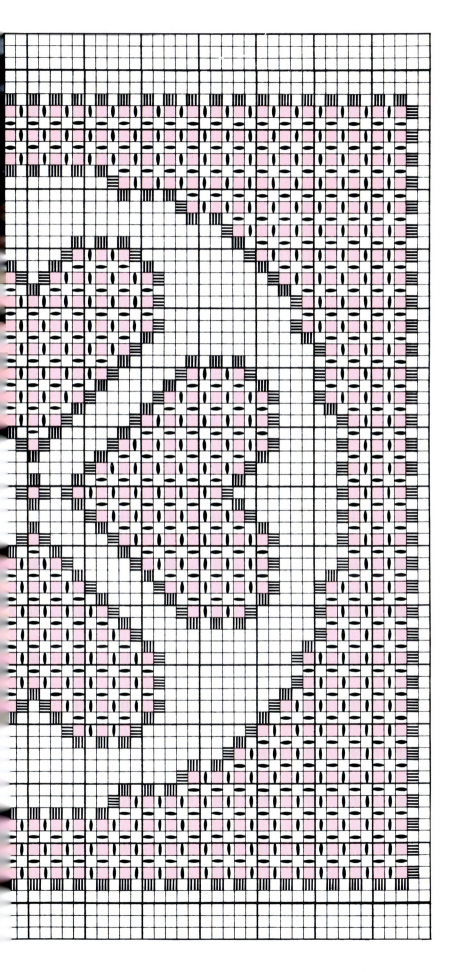

Zählvorlage zu Seite 74 bis 77

Kissen mit Kreuzstichmotiven

BELLANA 3256

STICKGARN
Plattstich: Perlgarn Nr. 5
Umwicklungen: Perlgarn Nr. 8
Kreuzstich: Sticktwist 3-fädig
Rückstich: Sticktwist 1-fädig

Sie können entweder zuerst die Rosen und darum herum die Hardanger-Borte in beliebiger Größe sticken oder zuerst den Hardanger-Rahmen arbeiten und darin dann die Rosen verteilen. Auf jeden Fall die Mittellinien mit Heftstichen markieren, damit Sie nicht die Orientierung verlieren.

KREUZSTICH-ANLEITUNG
Zuerst die Kreuzstich-Motive sticken, danach mit Rückstich die Blüten umranden und die filigranen Detaillinien über die fertigen Kreuzstiche sticken. Durch die dunklen Konturen stehen auch zarte Farben gut auf dem Grundgewebe und können auf jede Gewebefarbe umgesetzt werden.

Bei der Kreuzstich-Zählvorlage:
1 KÄSTCHEN = 2 GEWEBEFÄDEN

Beim Hardanger-Schema:
1 KÄSTCHEN = 4 GEWEBEFÄDEN

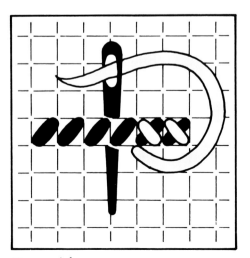

Kreuzstich

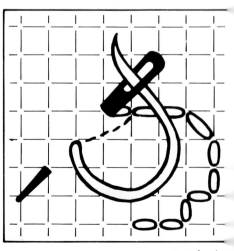

Rückstic[h]

Zählvorlagen auf Seite 84, 86 und 87

A. BELLANA 3256/264 sand

Bei Kissen A und B sind Anhaltspunkte für die Verteilung der Rosen in die Hardanger-Zählvorlage auf Seite 84 eingezeichnet.

ca. 40 cm

B. BELLANA 3256/618 grün

Das Motiv von der Mitte aus einteilen.

C. BELLANA 3256/430 rosa

Eine Rose in die Ecke setzen und kleine Blättchen beliebig verteilen.

D. BELLANA 3256/101 perlweiß

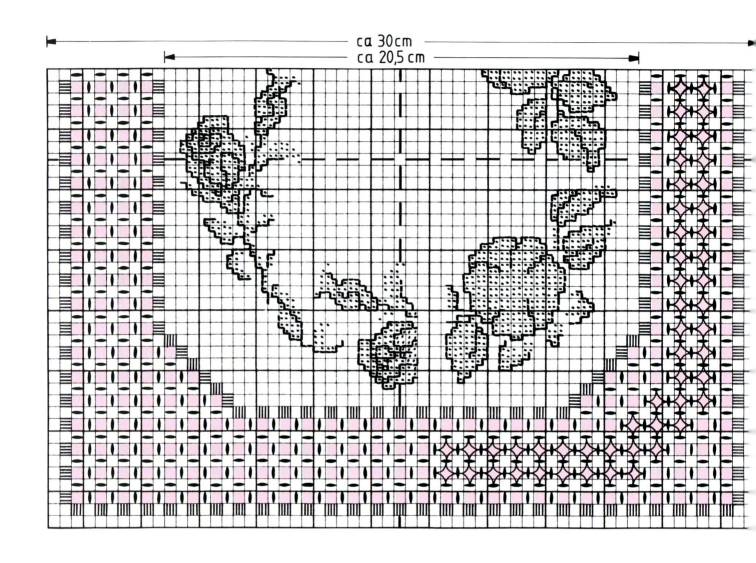

Zählvorlage zu Seite 80 und 81

1
- ∴ hellschilf
- N mintgrün
- • efeugrün
- ꓛ dunkelaltrosa
- T mittelaltrosa
- V hellaltrosa
- ⌐ perlrosa
- · weiß

2
- ╱ lindgrün
- ✕ oliv
- ↓ silbertanne
- ▲ korallenrot
- Y flamingo
- ✚ hellgold
- I creme

3
- ✕ oliv
- ◢ lorbeergrün
- ∴ hellschilf
- ₸ fuchsienrot
- ⅃ hellrosa
- — zartrosa
- · weiß

4
- ✕ oliv
- ◢ lorbeergrün
- ∴ hellschilf
- ꓛ dunkelaltrosa
- K hochrot
- ~ rotorange

5
- ✕ oliv
- ∴ hellschilf
- H pink
- O mittelrosa
- — zartrosa
- · weiß
- ✚ hellgold

6
- ✕ oliv
- ⌐ hellgrün
- O mittelrosa
- — zartrosa

Kontur für alle Rosen: dunkelgrau

7
- ✕ oliv
- ⌐ hellgrün
- ■ ocker
- Z sonnengelb
- ✚ hellgold
- I creme
- · weiß

8
- 7 moosgrün
- ✕ oliv
- ■ ocker
- ~ rotorange
- 1 gelborange

9
- ◢ lorbeergrün
- ✕ oliv
- ⌐ hellgrün
- ╱ dunkelgold
- S hellgelb
- I creme
- · weiß

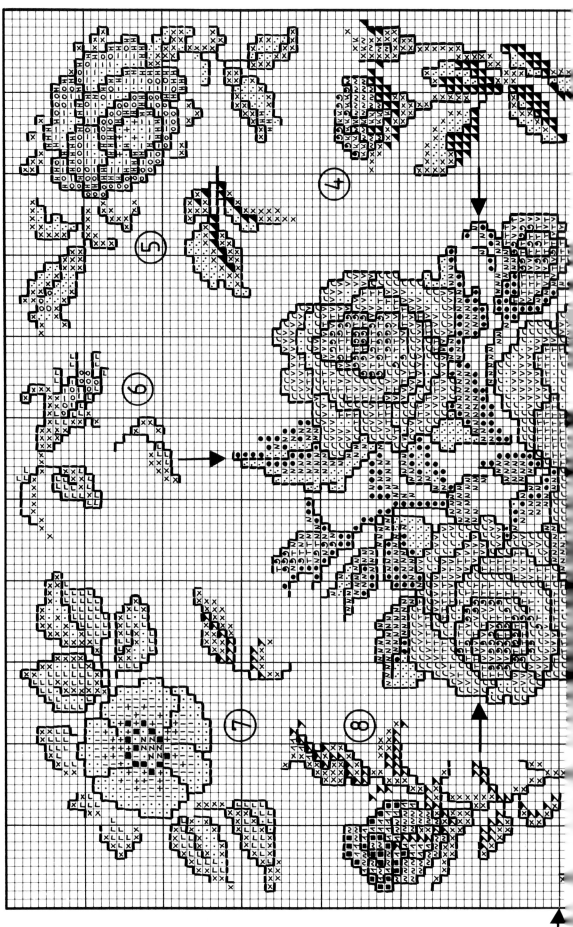

Zählvorlage zu Seite 80 und 81

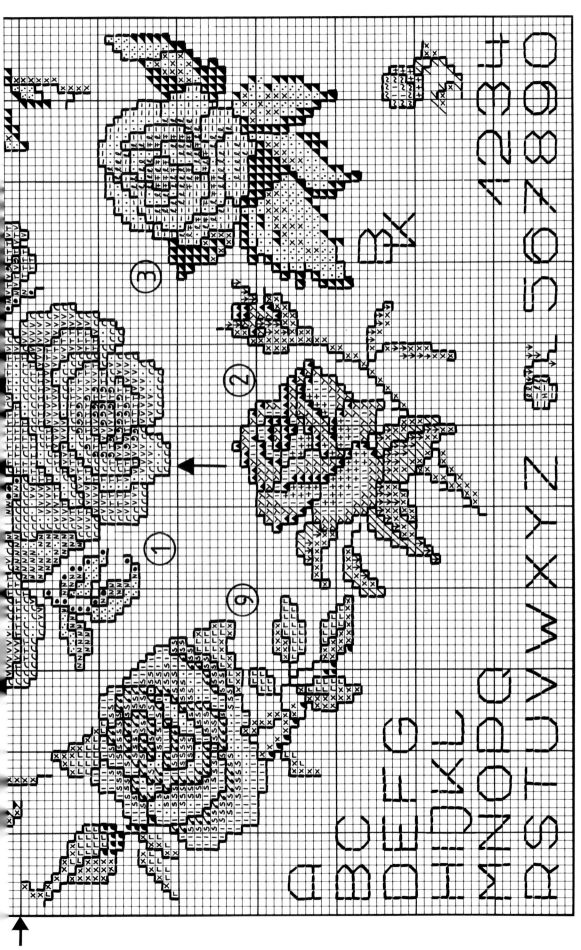

Weihnachtsstickerei

UNTERDECKE
Modell A
ARIOSA 3711

Stickfeld: 668 x 668 Fäden
ARIOSA: ca. 90 x 90 cm
DAVOSA: ca. 95 x 95 cm
Stoffgröße: ca. 105 x 105 cm

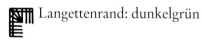 Langettenrand: dunkelgrün

WEIHNACHTSSTERN
Modell C
DAVOSA 3770/954

Stickfeld: 388 x 396 Fäden
DAVOSA: ca. 55 x 56 cm
ARIOSA: ca. 52 x 53 cm
Stoffgröße: ca. 65 x 65 cm

|||| Plattstich: dunkelrot
╫ Plattstich: grün
● Umwicklung: grün
○ Umwicklung: gold
□ ausschneiden
 Langettenrand: dunkelrot

STICKGARN
Plattstich: Perlgarn Nr. 3
Langettenrand: Perlgarn Nr. 5
Randbefestigung: Sticktwist 2-fädig und Nähgarn
Umwicklungen: Perlgarn Nr. 5 und Goldgarn
Schlingstichfüllung: Perlgarn Nr. 5
Spinnenstich: Perlgarn Nr. 5 und Goldgarn

Beschreibung des Langettenrandes siehe Seite 90

Zählvorlagen auf Seite 92 und 93

CHRISTROSE
Modell B
ARIOSA 3711/100

Stickfeld: 340 x 340 Fäden
ARIOSA: ca. 45 x 45 cm
DAVOSA: ca. 48 x 48 cm
Stoffgröße: ca. 55 x 55 cm

Zählvorlage auf Seite 92

LANGETTENRAND

Der befestigte Langettenrand wird in drei Arbeitsgängen ausgeführt:
a: Dem Hardanger-Grundschema entsprechend Plattstiche mit 2-fädigem Sticktwist in der Farbe des Grundgewebes sticken.
b: Darüber mit der Nähmaschine eine Stepplinie mit 1 mm Sticheinstellung steppen.
c: Den Langettenrand mit Perlgarn Nr. 5 über die Sticktwist-Stiche ausführen. An den Ecken fünf Stiche in dieselbe Einstichstelle sticken. Zuletzt das Gewebe dicht am Langettenrand abschneiden.

‖‖‖‖	Plattstich: weiß
●	Umwicklung: gold
○	Umwicklung: weiß
◉	Umwicklung: hellgrün
◇	Schlingstichfüllung: hellgrün
☐	ausschneiden
	Langettenrand: weiß
✲	Spinnenstich: gold
✳	Spinnenstich: rosa

Spinnenstich

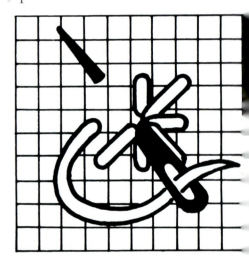

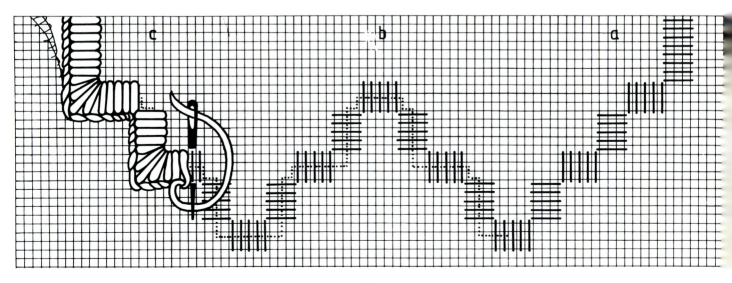

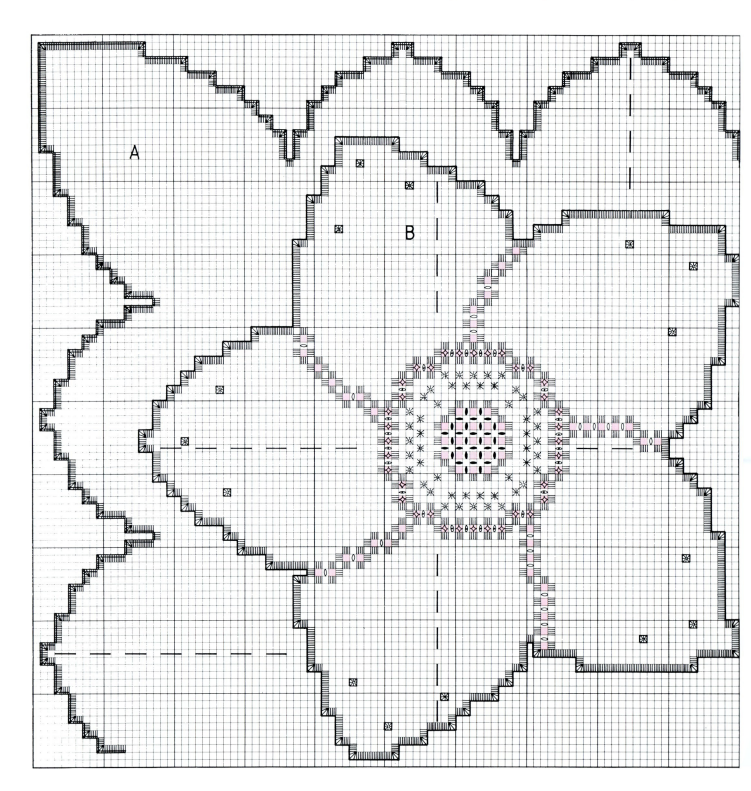

Zählvorlagen zu Seite 88 bis 9

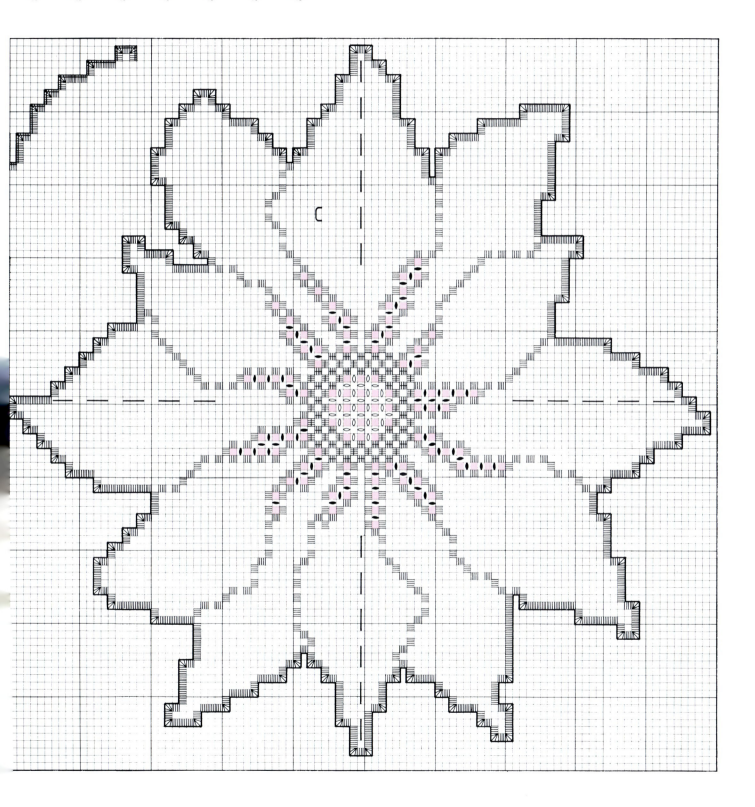

Hardanger-Zierformen

FÜLLSTICH-UMWICKLUNG

Die Nadel abwechselnd um 2 Stege führen. Mit dickem Stickgarn entsteht eine großzügige Füllung. Nicht fest anziehen. Diese Füllung eignet sich nur für kleine Flächen, da das Fadengitter nur locker umwickelt ist. Sie können aber auch unter dem Füllstich zuerst die Stege mit der einfachen Umwicklung befestigen.

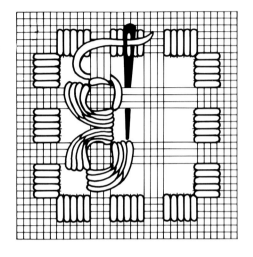

EINFACHE UMWICKLUNG

Die 4 Gewebefäden eines Steges umwickeln und zusammenziehen. Diese Umwicklung auf jeden Fall im Stickrahmen ausführen, da Sie mit einer Hand den Stickfaden halten müssen, damit sich die Umwicklung nicht lockert.

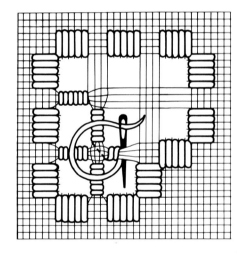

SCHLINGENSTICH-FÜLLUNG

Der Schlingenstich (siehe Seite 10) kann auch nachträglich mit einer anderen Stickgarnfarbe ausgeführt werden. Die Nadel jeweils unter dem mittleren Stich durchführen und das Quadrat mit 4 Schlingenstichen füllen. In der Stegumwicklung zum nächsten Quadrat stechen.

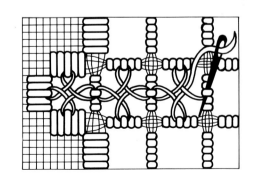

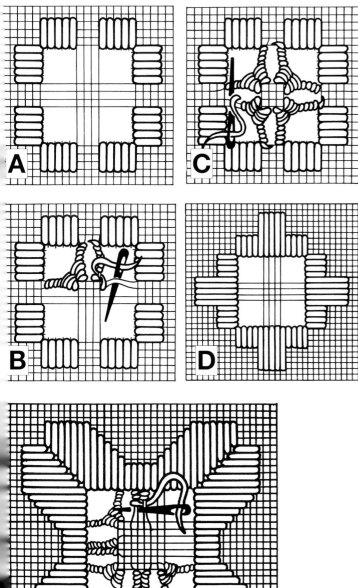

Malteserkreuz

A: Gewebefäden ausschneiden und ausziehen.

B: 2 Gewebefäden bis zum Motivzentrum umwickeln. Dann den Steg und die nächsten beiden Fäden über Eck bis zur Stegmitte bündeln.

C: Steg über 2 Fäden bis zum Rand umwickeln.
Dies ist die Grundform des Malteserkreuzes.

Bei **D** und **E** ist die Plattstichumrandung variiert. Hier müssen Sie beim Ausschneiden besonders vorsichtig sein, da durch Plattstich befestigte Gewebefäden stehen bleiben. Nur jeweils 4 Gewebefäden in den Motivecken ausschneiden!

Bei **E** ist ein zusätzlicher Mittelsteg zwischen den Eckumwicklungen, der in paarweiser Umwicklung umstochen wird.

Zierstiche

KÄSTCHENSTICH ALS FLÄCHE

Den Kästchenstich in 2 Arbeitsgängen nacheinander ausführen. Zuerst alle waagerechten, dann alle senkrechten Stiche reihenweise sticken. Auf der Rückseite entstehen Kreuzstiche.

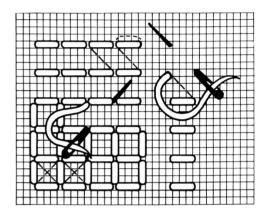

KÄSTCHENSTICH ALS REIHE

Bei der einzelnen Kästchenstich-Reihe jedes Kästchen rundherum gleich fertigsticken. Auf der Rückseite entsteht ein Kreuzstich aus 3 Stichen.

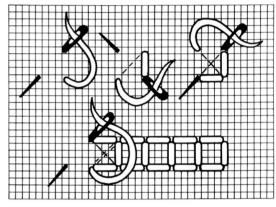

PARALLELER RÜCKSTICH

A: Auf der Vorderseite diagonal, auf der Rückseite abwechselnd senkrecht und waagerecht über 2 Gewebefäden stechen.
B: Bei Richtungswechsel den Eckstich auf der Rückseite diagonal stechen.

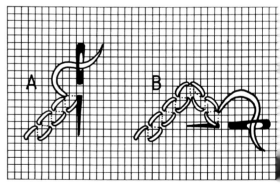

SPINNENSTICH 1 UND 2

Acht Spannstiche bei Spinnenstich 1, sechzehn Spannstiche bei Spinnenstich 2 vom Mittelpunkt aus rundherum über 2 Gewebefäden sticken und dabei ein Vier-Fadenkästchen füllen.

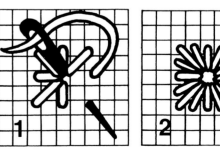

Tips zur Hardanger-Technik

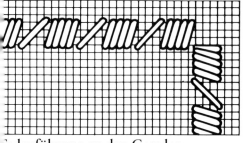

Fadenführung an den Geraden

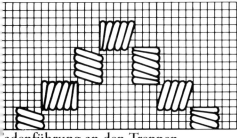

Fadenführung an den Treppen

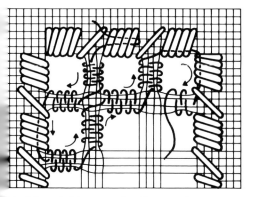

Die Umwicklungen in diagonalen Treppen arbeiten und den Stickfaden unter den Plattstichblöcken zur nächsten Diagonale führen.

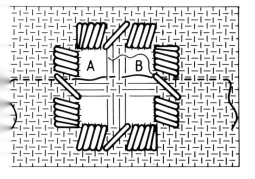

RÜCKSEITE

Vor dem Ausschneiden die Hardanger-Plattstichränder von der Rückseite kontrollieren. Es dürfen keine Fäden im Bereich der Durchbruchfläche gespannt sein.

VERNÄHEN

Niemals den Stickfaden mit einem Knoten beginnen. Den Fadenanfang auf der Rückseite ca. 5 cm hängen lassen und nachträglich vernähen. Im Verlauf der Stickerei den Anfang zuerst unter 3 Plattstichgruppen herführen. Das Fadenende ebenfalls unter 3 Plattstichblöcken vernähen.

AUSBESSERN

Auch der geübtesten Stickerin kann es passieren, daß sie beim Ausschneiden einen Faden zuviel abschneidet.
Am Geweberand einen Faden ausziehen. Bei A (Abb. unten links) ist die falsche Schnittstelle. Den Faden dem Gewebe folgend über ca. 10 Fäden einstopfen. Den abgeschnittenen Faden bis zur gegenüberliegenden Plattstichgruppe herausziehen, durch den neuen Gewebefaden ersetzen und verstopfen. Die Fadenenden des eingestopften Fadens ca. 5 cm lang hängen lassen und erst abschneiden, wenn die Umwicklungen fertig sind. Das Fadenende bei B vor dem Umwickeln abschneiden.

Langettenränder

Befestigter Langettenrand

Der befestigte Langettenrand wird in 3 Arbeitsgängen nacheinander ausgeführt.

A: Wie beim Hardanger-Grundschema Plattstichgruppen von 5 Stichen über 4 Gewebefäden sticken. Dabei 2-fädigen Sticktwist in der Farbe des Grundgewebes oder des Langettenrandes verwenden. Diese Stichgruppen sind in der Zählvorlage dicker gekennzeichnet. Damit entfällt bei langen Geraden das Auszählen von Einzelstichen.

B: Darüber mit der Nähmaschine eine Stepplinie mit 1 mm Sticheinstellung steppen.

C: Den Langettenrand darüber sticken. Unter den dicker gezeichneten Stichen liegt die Sticktwistmarkierung. An den Ecken 5 Stiche in dieselbe Einstichstelle sticken. Das Gewebe dicht am Langettenrand abschneiden, jedoch erst, wenn das ganze Motiv fertig gestickt ist.

Abbildungen unten:

Der Langettenrand kann auch mit Zackenmustern gestickt werden. Diese tiefer gestochenen Festonstiche sind nicht nur Zierde, sie machen den Rand noch haltbarer.

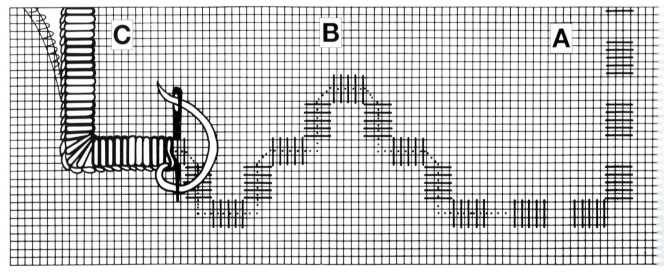

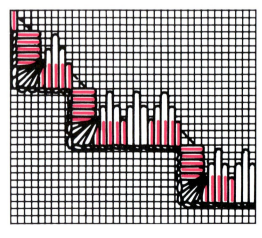

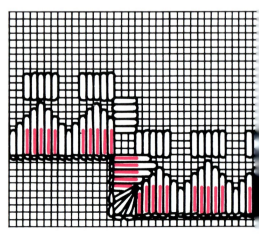

Säume

Beachten Sie beim Stoffkauf, daß für einen 3 cm breiten doppelten Saum ca. 12 cm zum Fertigmaß dazugerechnet werden müssen.
Außerdem noch 10 bis 15 cm Stoff zur Sicherheit dazugeben.

Doppelter Saum mit Briefecke
(Abb. oben)

An der inneren Saumlinie rundherum je einen Gewebefaden von Ecke zu Ecke herausziehen. Laut Abbildung a im Abstand von 3 cm die Einschlaglinien markieren und den überstehenden Stoff abschneiden (9 cm von der inneren Saumlinie entfernt).
Den Einschlag laut Abbildung b legen und die schraffierte Ecke abschneiden. Laut Abbildung c die Innenseite des Saumes einschlagen und heften. Die schräge Briefecke mit kleinen Stichen schließen.

Hohlsaumstich
(Abb. Mitte)

Dies ist der klassische Randabschluß für gezählte Handarbeiten.
Auf der linken Seite mit der Nadel abwechselnd je 2 Fäden entlang der ausgezogenen Linie fassen und dann 2 Gewebefäden senkrecht in den umgeschlagenen Saum stechen.

Saumstege
(Abb. unten)

Dieser Rand paßt besonders gut zu Hardanger.
An der inneren Saumlinie rundherum je 4 Gewebefäden von Eck zu Eck ausziehen und die Fadenenden im Gewebe verstopfen. Wie bei der paarweisen Umwicklung je 4 Fäden bündeln. Den doppelten Saum an der äußeren Stegkante ansäumen.

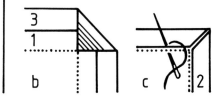

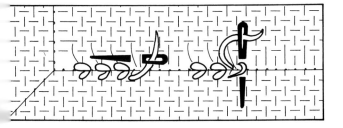

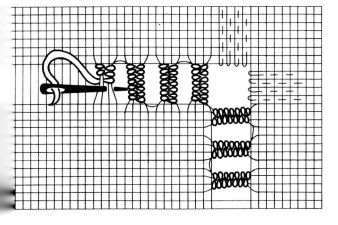

Bild blauer Schmetterling

MERAN 3972/534 mittelblau

Bildgröße: ca. 55 x 45 cm
Stickfeld: 113 x 79 Kästchen,
452 x 316 Gewebefäden
Motivgröße: ca. 42 x 30 cm
Stoffgröße: ca. 55 x 40 cm
Untergrund: LINDA 1235/560 royalblau

STICKGARN

Hardanger-Plattstich: Perlgarn 5 oder
Sticktwist 6-fädig
Umwicklungen und Langettenrand:
Perlgarn 8 oder Sticktwist 3-fädig
Vorsticken unter dem Langettenrand:
Sticktwist 1-fädig

Weiteres Material: Bilderrahmen, Karton

Zuerst den Schmetterling laut Hardangeranleitung und Zählvorlage fertig sticken und auf den Untergrund applizieren.

Das Grundgewebe über einen Karton in der entsprechenden Rahmengröße ziehen und auf der Rückseite festkleben oder mit gegenüberliegenden Stichen verspannen.

Zählvorlage auf Seite 106 und 10

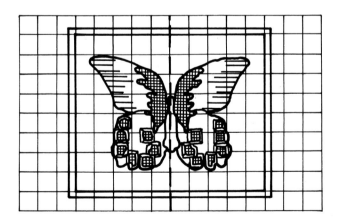

Kissen mit Schmetterlingen

ROSA SCHMETTERLING
MERAN 3972/414 altrosa

Kissengröße: ca. 57 x 46 cm
Stickfeld: 113 x 79 Kästchen,
452 x 316 Gewebefäden
Motivgröße: ca. 42 x 30 cm
Stoffgröße: ca. 55 x 40 cm
Kissenhülle: OSLO 3947/448 altrosa

ZITRONENFALTER
MERAN 3972/237 hellgelb

Kissengröße: ca. 52 x 40 cm
Stickfeld: 113 x 85 Kästchen,
452 x 340 Gewebefäden
Motivgröße: ca. 42 x 32 cm
Stoffgröße: ca. 55 x 45 cm
Kissenhülle: PÜNKTCHEN 2168/709
schwarz

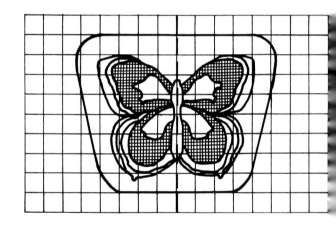

Nachtfalter und Ausarbeitung auf Seite 104
Zählvorlagen auf Seite 106, 107, 108 und 109

NACHTFALTER
Abb. Seite 103
MERAN 3972/598 antikviolett

Kissengröße: ca. 47 x 36 cm
Stickfeld: 103 x 77 Kästchen,
412 x 308 Gewebefäden
Motivgröße: ca. 39 x 29 cm
Stoffgröße: ca. 50 x 40 cm
Kissenhülle: PÜNKTCHEN 2168/709 schwarz

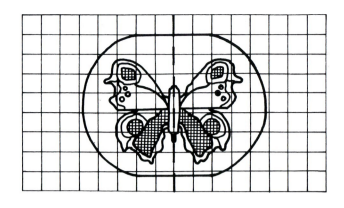

STICKGARN
Hardanger-Plattstich: Perlgarn 5 oder Sticktwist 6-fädig
Umwicklungen und Langettenrand: Perlgarn 8 oder Sticktwist 3-fädig
Vorsticken unter dem Langettenrand: Sticktwist 1-fädig

Weiteres Material
Schnittpapier, Heftgarn, Nähgarn, Reißverschluß, Schrägband, Wattiervlies

Die Hardanger-Zählstickerei mit einer stumpfen Sticknadel sticken. Die Applikation mit einer spitzen Nadel ausführen.
Zuerst die Schmetterlinge laut Hardangeranleitung und Zählvorlage fertig sticken. Den Schemazeichnungen entsprechend einen Papierschnitt für die Kissenhülle erstellen. 1 Karo in der Skizze = 5 cm im Original.
Den Schnittumriß und die Mittellinie auf dem Kissengewebe mit Heftstichen markieren. Den Schmetterling von der Mitte ausgehend daraufheften und mit kleinen Rückstichen festnähen. Verwenden Sie dafür Nähgarn oder 1-fädigen Sticktwist in der Farbe des Schmetterling-Gewebes. Folgen Sie dabei den Linien des Musters, damit die Stiche nicht zu sehen sind: Am inneren Langettenrand entlang, die Körperform umranden und einige Detaillinien auf dem Grundgewebe festnähen.
Für die Kissenrückwand zuerst entlang der Mittellinie einen Reißverschluß einnähen, dann Ober- und Rückenteil links auf links zusammenlegen und die Kissenkontur ausschneiden. Die Teile mit Schrägband an den Schnittkanten rundherum zusammennähen und gleichzeitig versäubern. Eine Kissenfüllung in entsprechender Größe nähen und mit Wattiervlies füllen.

☐ 1 Kästchen = 4 Gewebefäden
Plattstichgruppen:
▊▊▊▊ blaßviolett
▊▊▊ altrosa, dunkel
▊▊▊ antikviolett, dunkel
🟥 ausschneiden
einfache Umwicklung:
• antikviolett, hell
Pikot-Umwicklung:
8 rotviolett
Langettenrand:
▊▊▊ blaßviolett

▊▊▊ antikviolett, hell

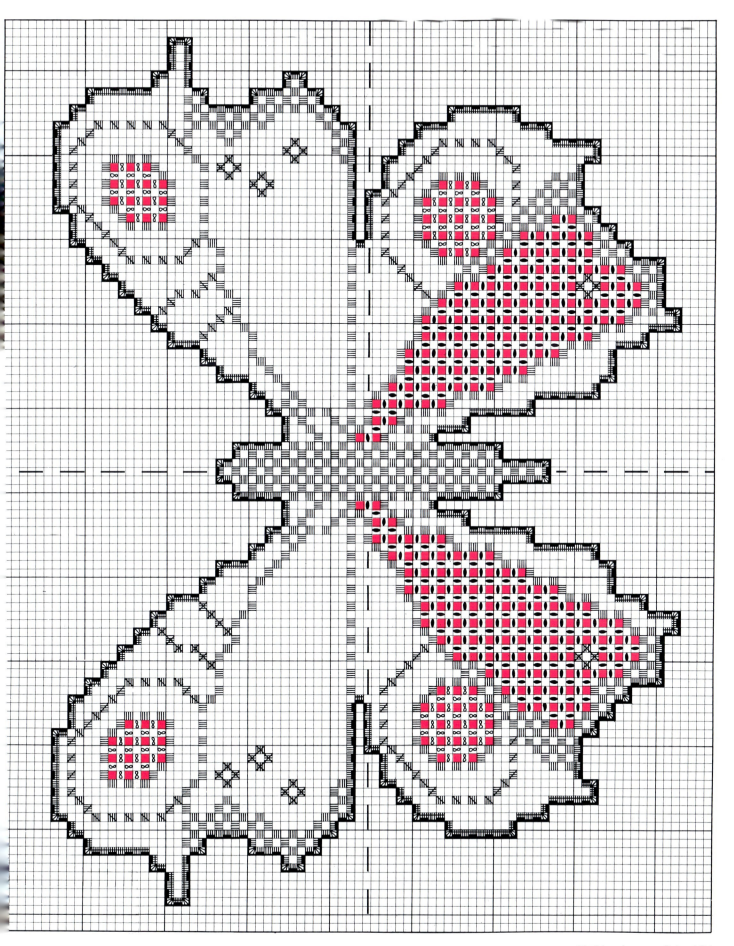

Zählvorlage zu Seite 104

BLAUER SCHMETTERLING
ROSA SCHMETTERLING

☐ 1 Kästchen = 4 Gewebefäden
Plattstichgruppen:
- ⦀⦀ mittelblau (lachsrosa, hell)
- ╫ dunkeltürkis (erika)
- ⋈ helltürkis (lachs, mittel)
- ⋈ hellgrün (lachs, dunkel)
- ■ ausschneiden

einfache Umwicklung:
- ● himmelblau (lachsrosa)

Pikot-Umwicklung:
- 8 blauviolett (erika)

Langettenrand:
- himmelblau (lachsrosa)

Zählvorlage zu Seite 100, 101 und 102, 103

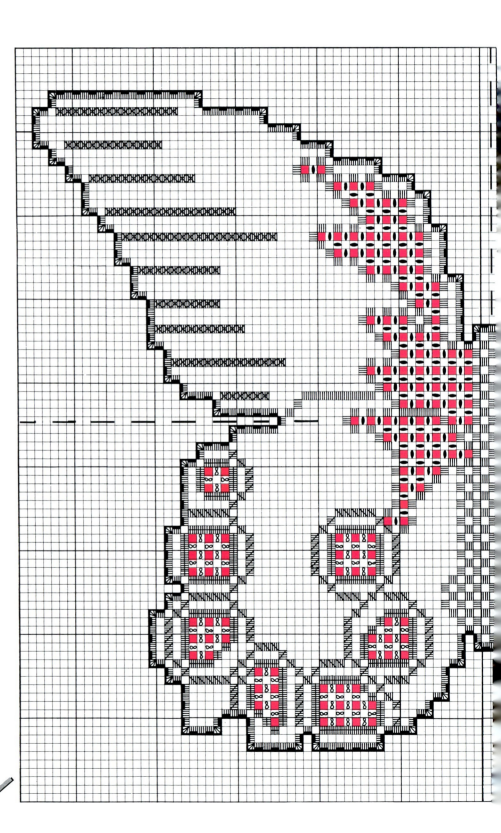

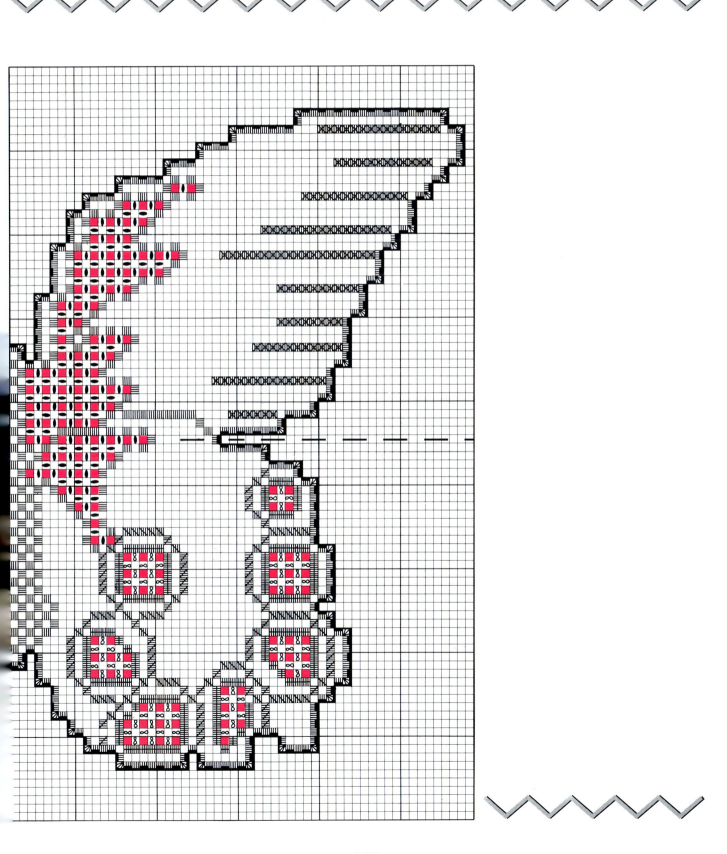

ZITRONENFALTER

☐ 1 Kästchen = 4 Gewebefäden

Plattstichgruppen:
- |||| kanariengelb
- ┼┼┼ hellgelb
- ⫽⫽⫽ gelbgrün
- ⋈⋈⋈ gelborange
- ■ ausschneiden

paarweise Umwicklung:
- ● blaßgelb

Langettenrand:
- ▦ gelbgrün

Zählvorlage zu Seite 102 und 103

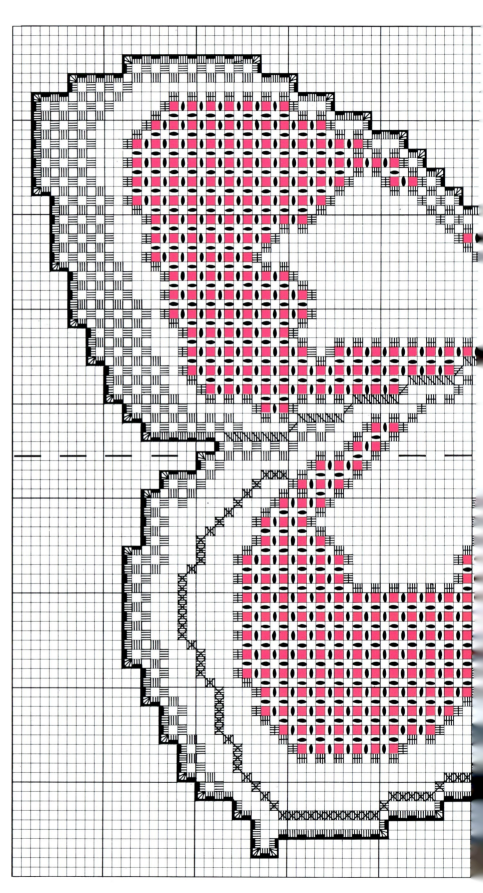

108

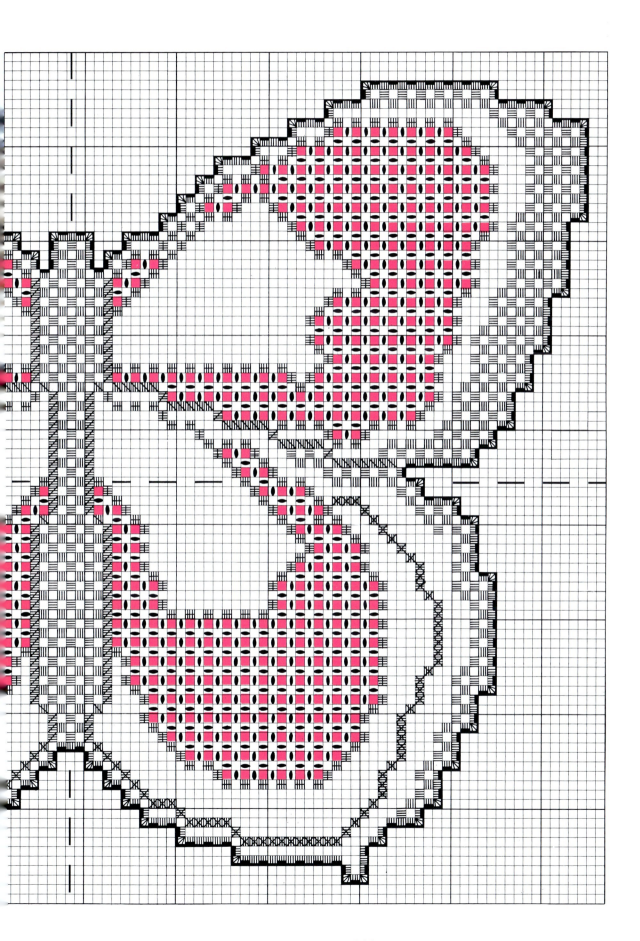

Tischsets

SET ORCHIDEE
Abb. Seite 110
ARIOSA 3711/559 flieder

Modellgröße: ca. 47 x 48 cm
Stickfeld: 87 x 89 Kästchen,
348 x 356 Gewebefäden
Stoffgröße: ca. 55 x 55 cm

SET DOTTERBLUME
Abb. Seite 111
ARIOSA 3711/226 gelb

Modellgröße: ca. 47 x 46 cm
Stickfeld: 87 x 85 Kästchen,
348 x 340 Gewebefäden
Stoffgröße: ca. 55 x 55 cm

SET MARGERITE
Abb. Seite 111
ARIOSA 3711/100 weiß

Modellgröße: ca. 50 x 50 cm
Stickfeld: 94 x 94 Kästchen,
376 x 376 Gewebefäden
Stoffgröße: ca. 60 x 60 cm

STICKGARN
Hardanger-Plattstich: Perlgarn 3
Umwicklungen: Perlgarn 5
Langettenrand: Perlgarn 5
Randbefestigung: Sticktwist 2-fädig
Spinnenstich: Sticktwist 2-fädig

Die Stickerei von der Mitte aus einteilen und die gestrichelten Mittellinien am besten mit einigen Heftstichen markieren.

ORCHIDEE

- ☐ 1 Kästchen = 4 Gewebefäden
- |||| Plattstich: flieder
- Plattstich: sonnengelb
- Plattstich: dunkelviolett
- Plattstich: hellgrün
- • Umwicklung: flieder
- ○ Umwicklung: gelb
- ■ ausschneiden
- Langettenrand: flieder

Weitere Zählvorlagen auf Seite 114 und 11.

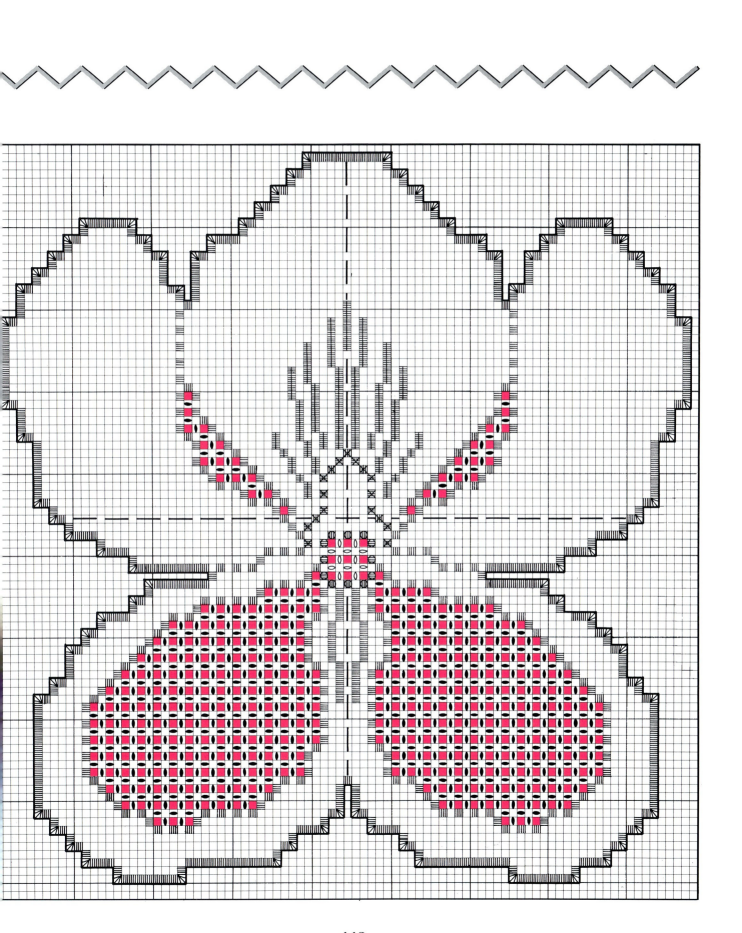

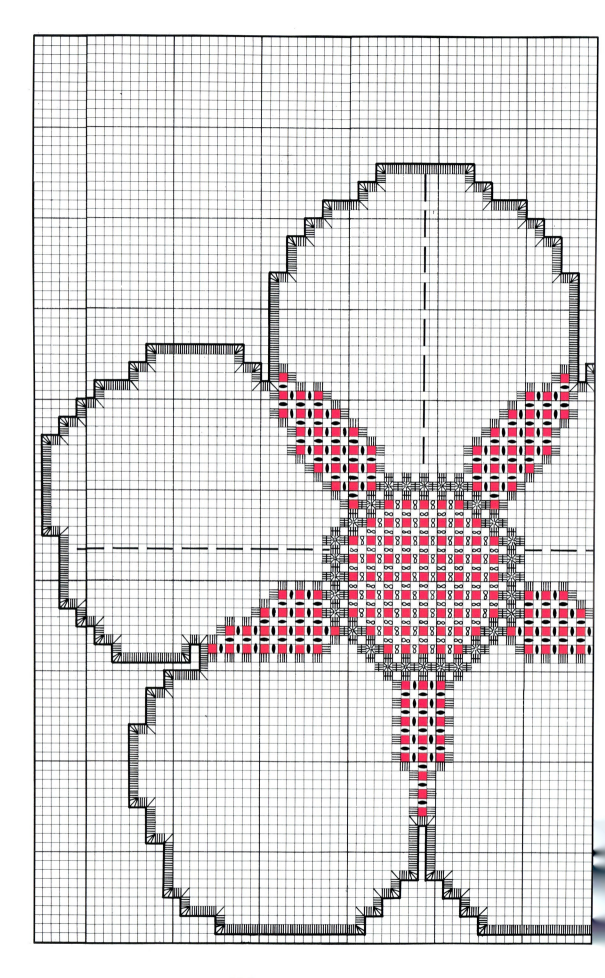

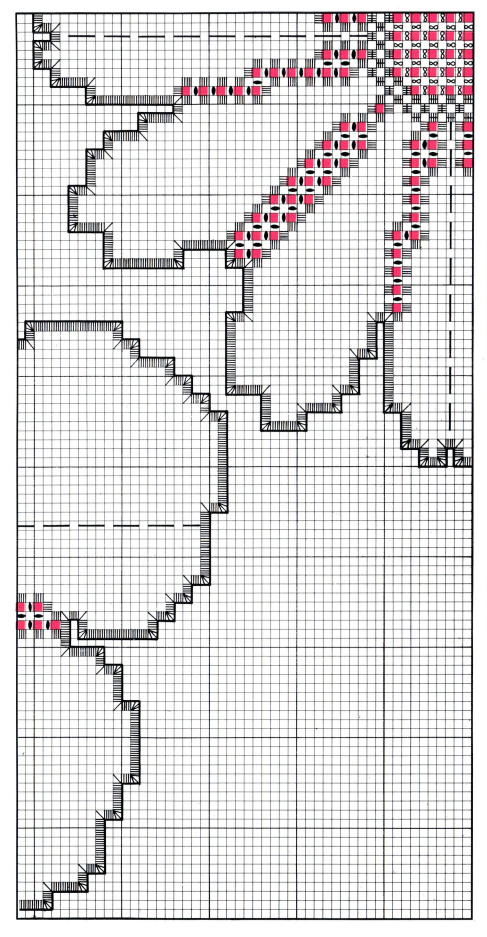

DOTTERBLUME

- □ 1 Kästchen = 4 Gewebefäden
- |||| Plattstich: sonnengelb
- ⊞ Plattstich: ockergelb
- • Umwicklung: ocker
- ∞ Pikots: sonnengelb
- ▪ ausschneiden
- ◨ Langettenrand: sonnengelb
- ✶ Spinnenstich: orange

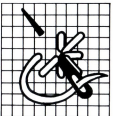

MARGERITE

- □ 1 Kästchen = 4 Gewebefäden
- |||| Plattstich: weiß
- ⊞ Plattstich: gelb
- • Umwicklung: grau
- ∞ Pikots: ocker
- ▪ ausschneiden
- ◨ Langettenrand: weiß

Die Zählvorlage jeweils um ein Viertel drehen und an den gestrichelten Mittellinien ansetzen.

Zählvorlagen zu Seite 111 und 112

Motivdeckchen Obst

APFEL
ARIOSA 3711/632 hellgrün

Modellgröße: ca. 49 x 49 cm
Stoffgröße: ca. 60 x 60 cm
Stickfeld: 91 x 91 Kästchen,
364 x 364 Gewebefäden

BIRNE
ARIOSA 3711/226 maisgelb

Modellgröße: ca. 36 x 49 cm
Stoffgröße: ca. 50 x 60 cm
Stickfeld: 67 x 91 Kästchen,
268 x 364 Gewebefäden

PFLAUME
ARIOSA 3711/598

Modellgröße: ca. 38 x 49 cm
Stoffgröße: ca. 50 x 60 cm
Stickfeld: 71 x 91 Kästchen,
284 x 364 Gewebefäden

STICKGARN
Hardanger-Plattstich: Perlgarn 3
Umwicklungen: Perlgarn 5
Langettenrand: Perlgarn 5
vorsticken unter dem Langettenrand:
Sticktwist 2-fädig

Zählvorlagen auf Seite 118 und 120

Pflaume

1 Kästchen = 4 Gewebefäden

Zählvorlage zu Seite 116 und 117

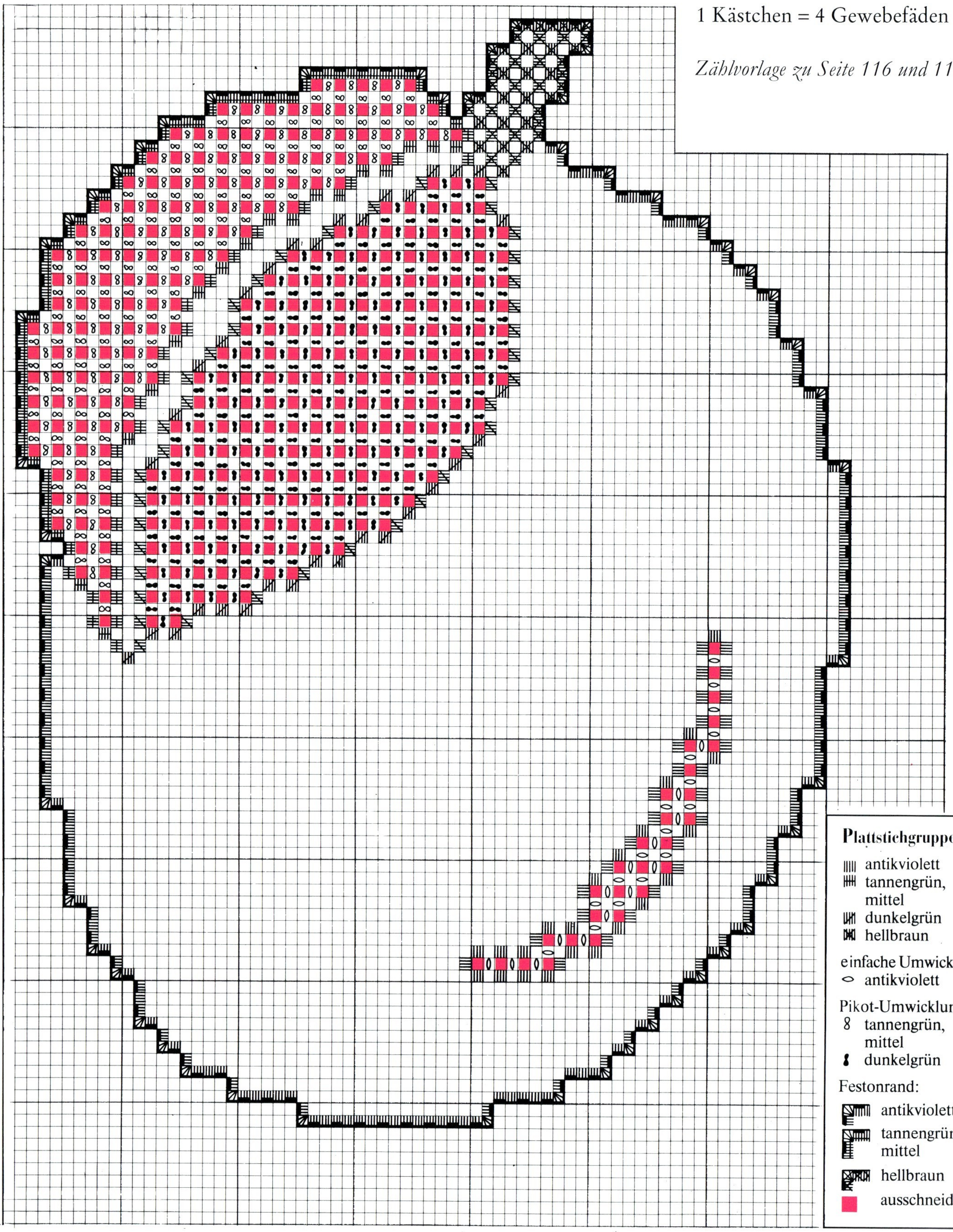

Plattstichgruppen:
- ▥ antiviolett
- ▦ tannengrün, mittel
- ▨ dunkelgrün
- ▧ hellbraun

einfache Umwicklung:
- ○ antiviolett

Pikot-Umwicklung:
- 8 tannengrün, mittel
- ✶ dunkelgrün

Festonrand:
- ▨ antiviolett
- ▥ tannengrün, mittel
- ▧ hellbraun
- ■ ausschneiden

BIRNE

1 Kästchen = 4 Gewebefäden

Zählvorlage zu Seite 116 und 117

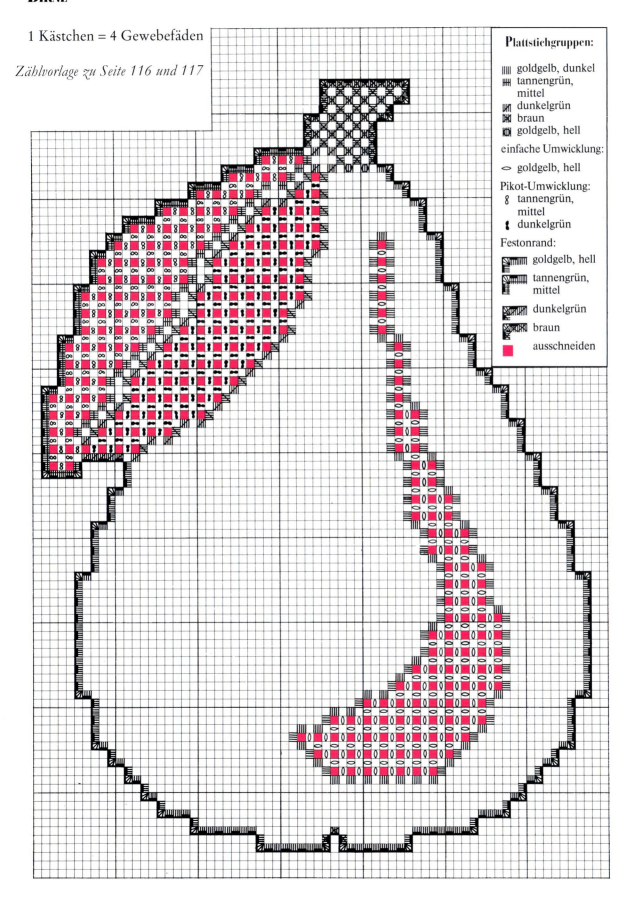

Apfel

1 Kästchen = 4 Gewebefäden

Zählvorlage zu Seite 116 und 117

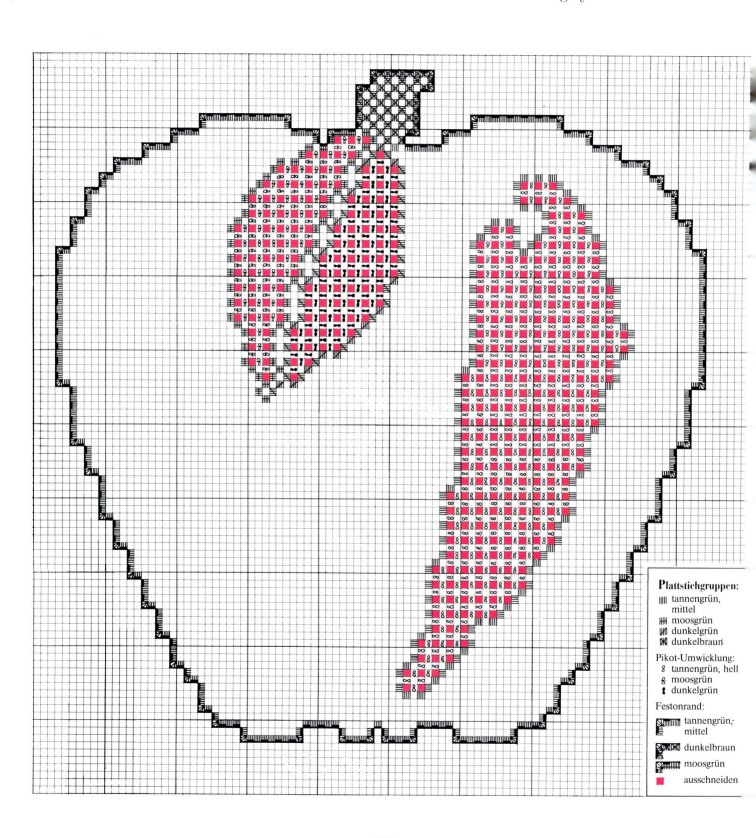

ERDBEERE

1 Kästchen = 4 Gewebefäden

Zählvorlage zu Seite 122 und 123

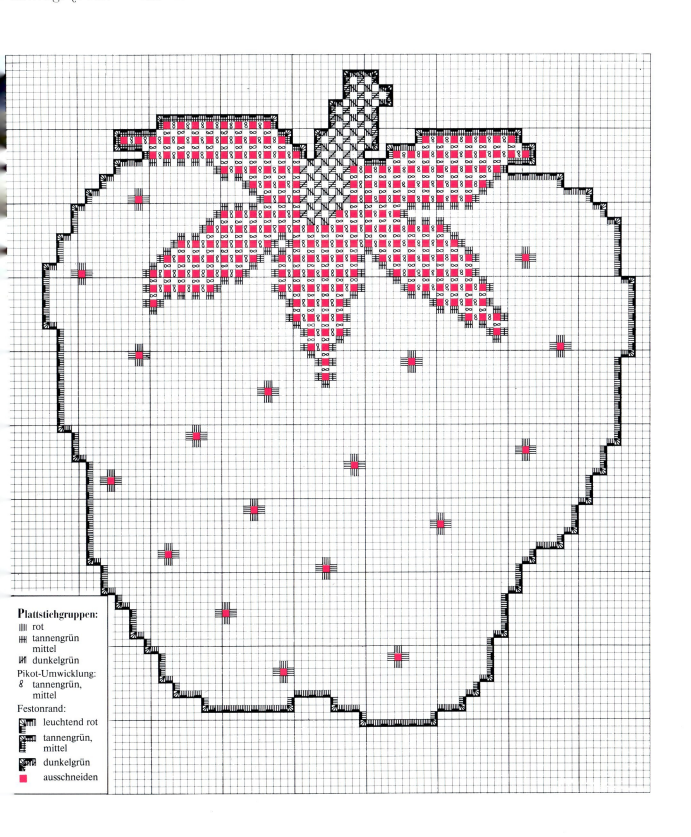

Erdbeere
ARIOSA 3711/931 rot

Modellgröße: ca. 44 x 48 cm
Stoffgröße: ca. 55 x 60 cm
Stickfeld: 83 x 89 Kästchen,
332 x 356 Gewebefäden

Stickgarn
Hardanger-Plattstich: Perlgarn 3
Umwicklungen: Perlgarn 5
Langettenrand: Perlgarn 5
vorsticken unter dem Langettenrand:
Sticktwist 2-fädig

Zählvorlage auf Seite 121

TISCHLÄUFER IN FLIEDER
ARIOSA 3711/559 flieder

Modellgröße: ca. 94 x 57 cm
Stoffbedarf: ca. 110 x 70 cm
Stickfeld: 175 x 107 Kästchen,
700 x 428 Gewebefäden

Zählvorlage auf Seite 126 und 127

Tischläufer in Altrosa
ARIOSA 3711/436 altrosa

Modellgröße: ca. 100 x 60 cm
Stoffbedarf: ca. 115 x 75 cm
Stickfeld: 187 x 111 Kästchen,
748 x 444 Gewebefäden

Zählvorlage auf Seite 128 und 129

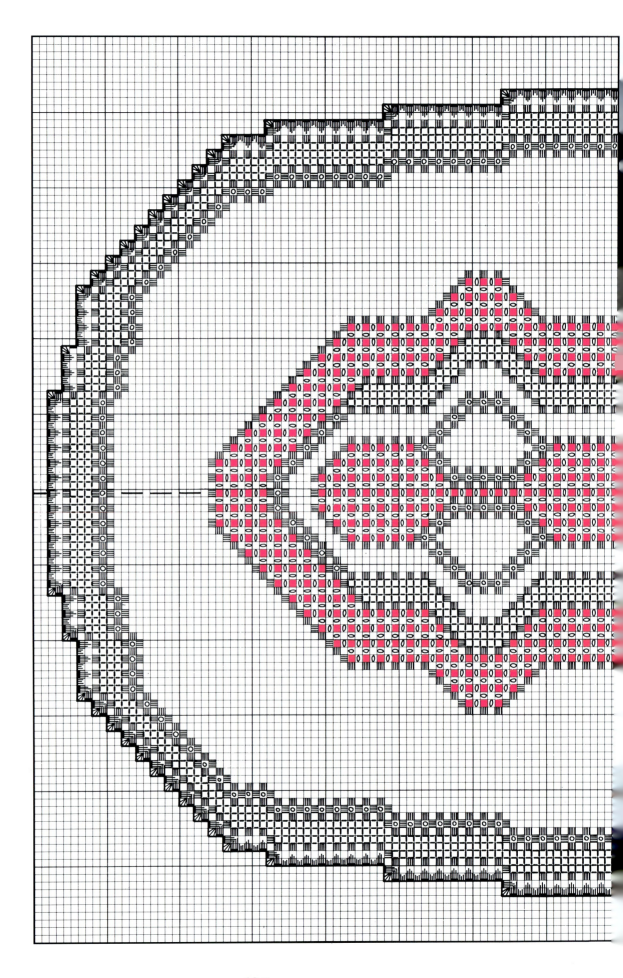

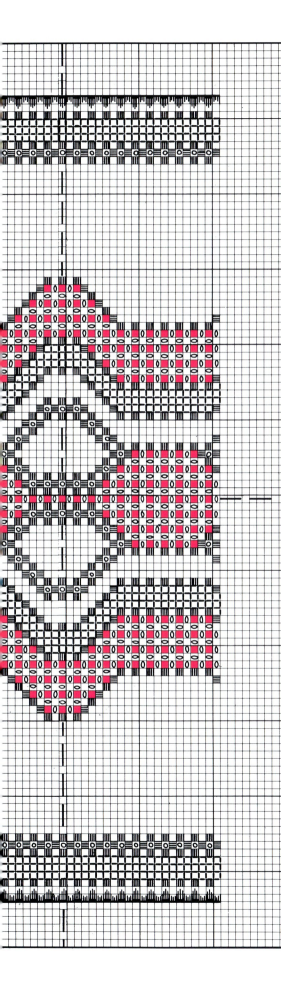

TISCHLÄUFER IN FLIEDER

- □ 1 Kästchen = 4 Gewebefäden
- Langettenrand mit Zackenfigur: Perlgarn 5, flieder
  vorsticken: Sticktwist 2-fädig, flieder
- ⅢⅢ Hardanger-Plattstich: Perlgarn 3, flieder
- ○ Spinnenstich 2: Perlgarn 8, flieder
- ▢ Kästchenstich: Perlgarn 5, flieder
- ○ paarweise Umwicklung: Perlgarn 8, flieder
- ■ ausschneiden

Detailzeichnung: Langettenrand (rote Stiche = vorsticken)

Zählvorlage zu Seite 124

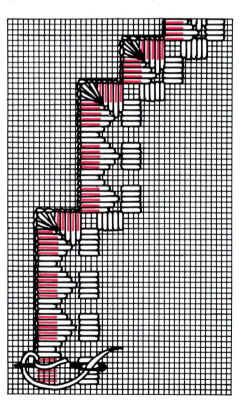

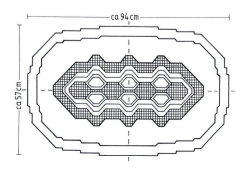

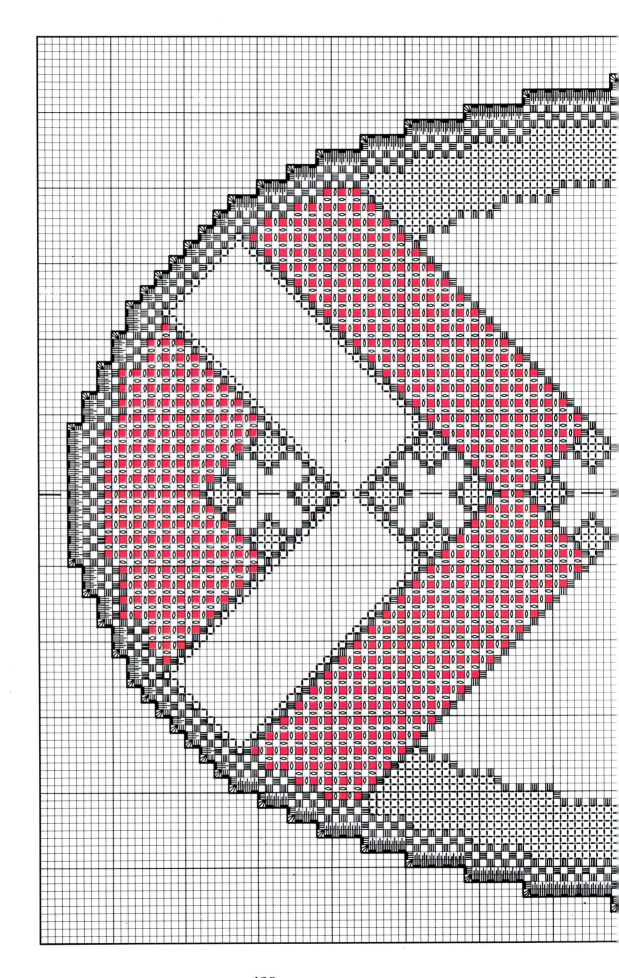

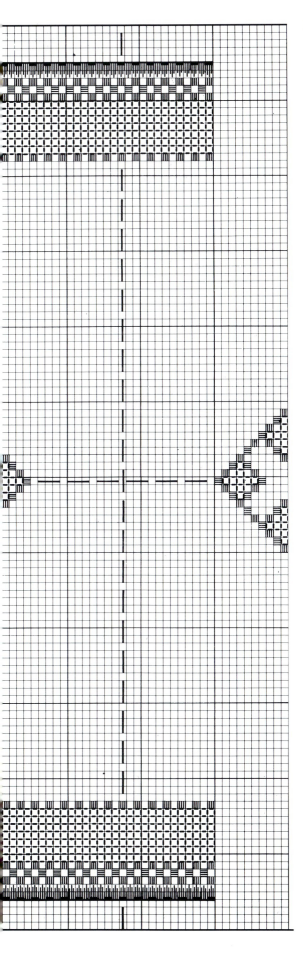

TISCHLÄUFER IN ALTROSA

- □ 1 Kästchen = 4 Gewebefäden
- Langettenrand mit Zackenfigur: Perlgarn 5, rosa
  vorsticken: Sticktwist 2-fädig, rosa
- Hardanger-Plattstich: Perlgarn 3, rosa
- ○ paarweise Umwicklung: Perlgarn 8, rosa
- Kästchenstich: Perlgarn 5, rosa
- ■ ausschneiden

**Detailzeichnung: Langettenrand
(rote Stiche = vorsticken)**

Zählvorlage zu Seite 125

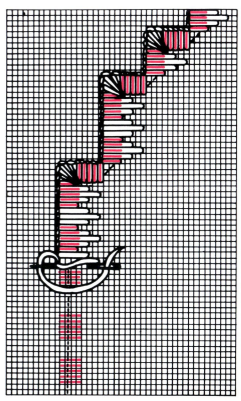

Mitteldecken

DECKE IN ROSA
BELLANA 3256/430 rosa

Modellgröße: ca. 83,5 x 83,5 cm
Stoffbedarf: ca. 100 x 100 cm
Stickfeld: 167 x 167 Kästchen,
668 x 668 Gewebefäden
Mustersatz Festonbogen: 24 Kästchen = ca. 12 cm

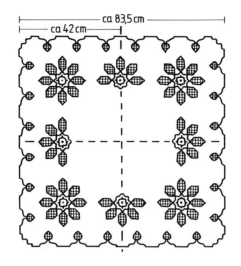

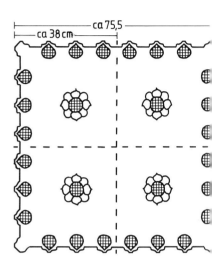

DECKE IN FLIEDER
BELLANA 3256/441 flieder

Modellgröße: ca. 75,5 x 75,5 cm
Stoffbedarf: ca. 90 x 90 cm
Stickfeld: 151 x 151 Kästchen,
604 x 604 Gewebefäden
Mustersatz Festonbogen: 20 Kästchen = ca. 10 cm

Die beiden Mitteldecken und die folgenden Modelle der Seiten 135, 137, 138 und 142 haben besonders verzierte Ränder, die sich im Mustersatz wiederholen. Hardanger-Blüten und Blattformen grenzen unmittelbar an Festonbögen an. Um dies gut darstellen zu können, sind alle Modelle als Mitteldecken ausgeführt. Sie können jedoch Maße verändern, in dem Sie Festonbögen hinzufügen oder weglassen und die Mittelmotive beliebig neu verteilen.

Aus allen Designs können außer größeren Decken auch Läufer und kleine Deckchen gearbeitet werd[en]. Um maßgerechte Veränderungen [des] Modells zu erleichtern, sind [die] Festonbogensätze mit Pfeilen geke[nn]zeichnet und die cm-Maße angegeb[en]. Die Stickerei von der Mitte her [ein]teilen und zuerst den Festonrand [mit] Stickzwist rundum festlegen. [Sie] müssen am Ausgangspunkt wie[der] anschließen und sind dadurch sich[er], daß Sie sich nicht verzählt ha[ben] (siehe: Befestigter Langettenra[nd] Seite 98).

Zählvorlagen auf Seite 132 und 133

Decke in rosa

- ☐ 1 Kästchen = 4 Gewebefäden
- Festonrand: Perlgarn 5, rosa vorsticken: Sticktwist 2-fädig, rosa
- Hardanger-Plattstich: Perlgarn 5, rosa
- Zier-Plattstich: Sticktwist 4-fädig, flieder
- ▪ ausschneiden
- ◊ einfache Umwicklung: Perlgarn 5, weiß
- ◆ Schlingenstich-Füllung: Sticktwist 2-fädig, flieder
- ✕ Spinnenstich: Sticktwist 2-fädig, beige

Zählvorlage zu Seite 130 und 131

DECKE IN FLIEDER

- ☐ 1 Kästchen = 4 Gewebefäden
- Festonrand: Perlgarn 5, rosa vorsticken: Sticktwist 2-fädig, flieder
- |||| Hardanger-Plattstich: Perlgarn 5, rosa
- ■ ausschneiden
- 8 Pikot-Umwicklung: Perlgarn 5, rosa
- Rückstichlinien: Sticktwist 6-fädig, creme

Von rechts nach links arbeiten und auf der Rückseite über 2 Stiche sticken.

Zählvorlage zu Seite 130 und 131

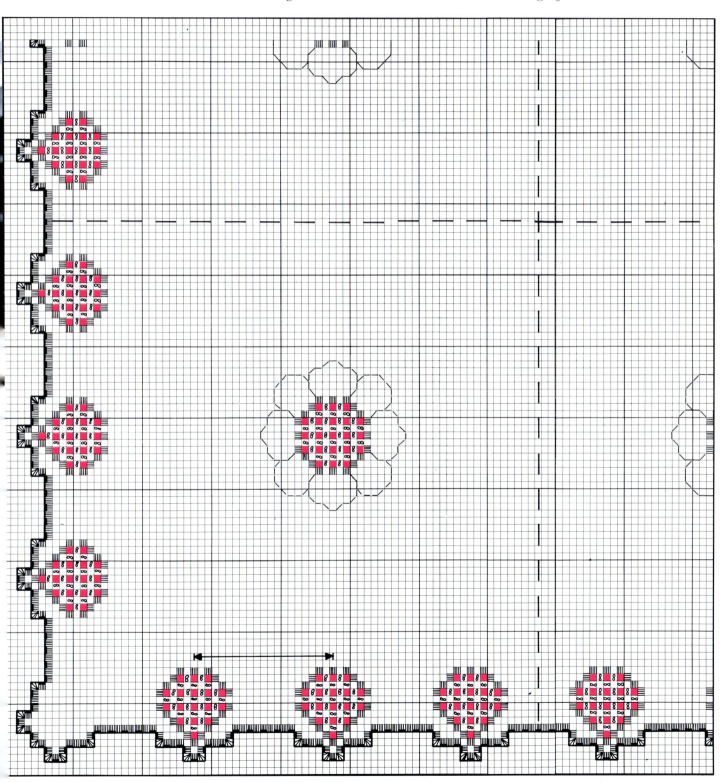

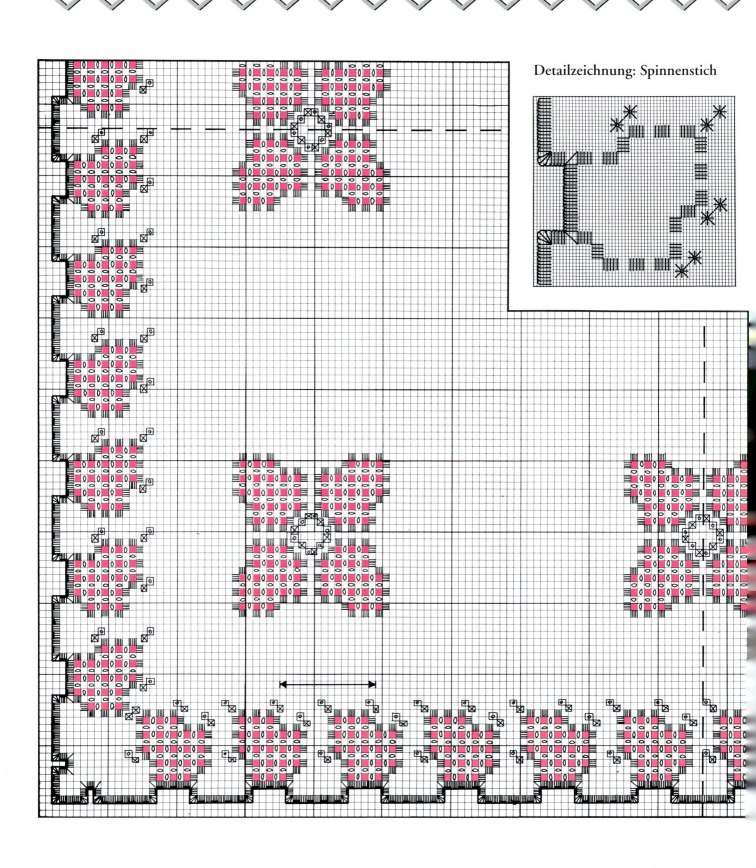

Detailzeichnung: Spinnenstich

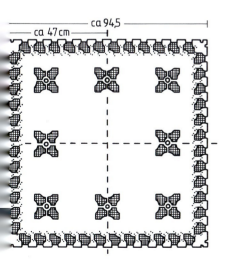

Decke in creme
BELLANA 3256/264 creme

Modellgröße: ca. 94,5 x 94,5 cm
Stoffbedarf: ca. 110 x 110 cm
Stickfeld: 189 x 189 Kästchen,
756 x 756 Gewebefäden
Mustersatz Festonbogen:
14 Kästchen = ca. 7 cm

- □ 1 Kästchen = 4 Gewebefäden
- ▨ Festonrand: Perlgarn 5, beige vorsticken: Sticktwist 2-fädig, creme
- ▥ Hardanger-Plattstich: Perlgarn 5, beige
- ▮ ausschneiden
- ◊ einfache Umwicklung: Perlgarn 5, beige
- ⊠ Spinnenstich: Sticktwist 3-fädig, dunkelbeige
- ⊡ Spinnenstich: Sticktwist 3-fädig, graublau

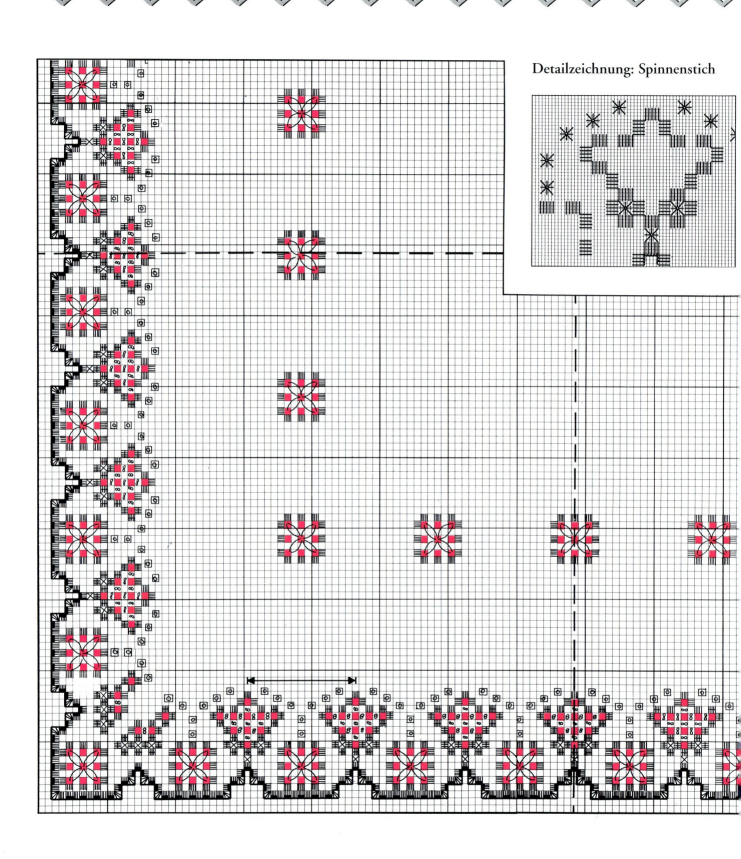

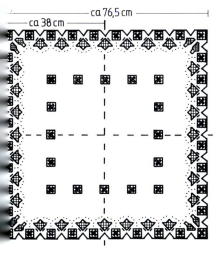

DECKE IN HELLBEIGE
BELLANA 3256/101 eierschale

Modellgröße: ca. 76,5 x 76,5 cm
Stoffbedarf: ca. 90 x 90 cm
Stickfeld: 153 x 153 Kästchen,
612 x 612 Gewebefäden
Mustersatz Festonbogen: 16 Kästchen
= ca. 8 cm

- □ 1 Kästchen = 4 Gewebefäden
- Festonrand: Perlgarn 5, creme vorsticken: Sticktwist 2-fädig, eierschale
- |||| Hardanger-Plattstich: Perlgarn 5, creme
- Hardanger-Plattstich: Perlgarn 5, rosa
- ausschneiden
- 8 Pikot-Umwicklung: Perlgarn 5, creme
- Füllstich-Umwicklung: Sticktwist 6-fädig, flieder
- ⊠ Spinnenstich: Sticktwist 2-fädig, flieder
- ⊙ Spinnenstich: Sticktwist 2-fädig, rosa

DECKE KLEEBLÄTTER
BELLANA 3256/430 rosa

Modellgröße: ca. 93,5 x 93,5 cm
Stoffbedarf: ca. 110 x 110 cm
Stickfeld: 187 x 187 Kästchen,
748 x 748 Gewebefäden
Mustersatz Festonbogen: 30 Kästchen = ca. 15 cm

Zählvorlage auf Seite 140

Decke Kleeblätter

- ☐ 1 Kästchen = 4 Gewebefäden
- Festonrand: Perlgarn 5, rosa
  vorsticken: Sticktwist 2-fädig, rosa
- Hardanger-Plattstich: Perlgarn 5, rosa
- Zier-Plattstich: Sticktwist 4-fädig, dunkelflieder
- ausschneiden
- ○ Pikot-Umwicklung: Sticktwist 3-fädig, hellflieder

Zählvorlage zu Seite 138 und 139

ECKE ZACKEN

1 Kästchen = 4 Gewebefäden
▥ Festonrand: Perlgarn 5, creme
vorsticken: Sticktwist 2-fädig, creme
Hardanger-Plattstich: Perlgarn 5, creme

■ ausschneiden
◊ einfache Umwicklung: Perlgarn 5, graublau
| Spannstich: Perlgarn 5, graublau

Zählvorlage zu Seite 142 und 143

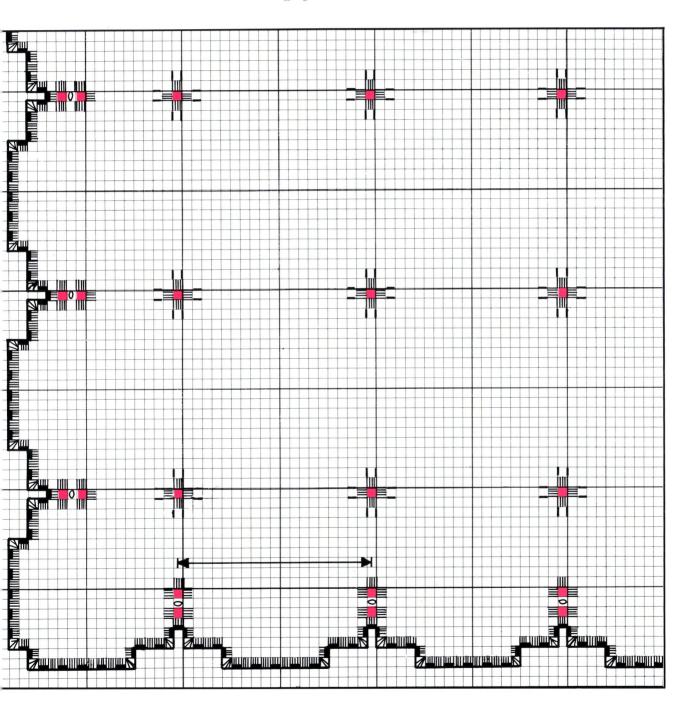

DECKE ZACKEN
(unten)
BELLANA 3256/264 creme

Modellgröße: ca. 87,5 x 87,5 cm
Stoffbedarf: ca. 100 x 100 cm
Stickfeld: 175 x 175 Kästchen,
700 x 700 Gewebefäden
Mustersatz Festonbogen: 20 Kästchen = ca. 10 cm

Zählvorlage auf Seite 141

DECKE BLÄTTER
(oben)
BELLANA 3256/430 rosa

Modellgröße: ca. 93,5 x 93,5 cm
Stoffbedarf: ca. 110 x 110 cm
Stickfeldgröße: 187 x 187 Kästchen,
748 x 748 Gewebefäden
Mustersatz Festonbogen: 14 Kästchen = ca. 7 cm

Zählvorlage auf Seite 144

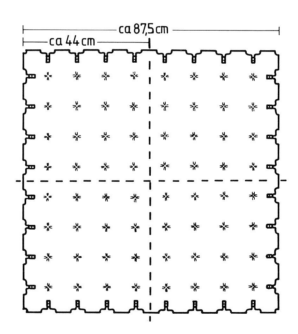

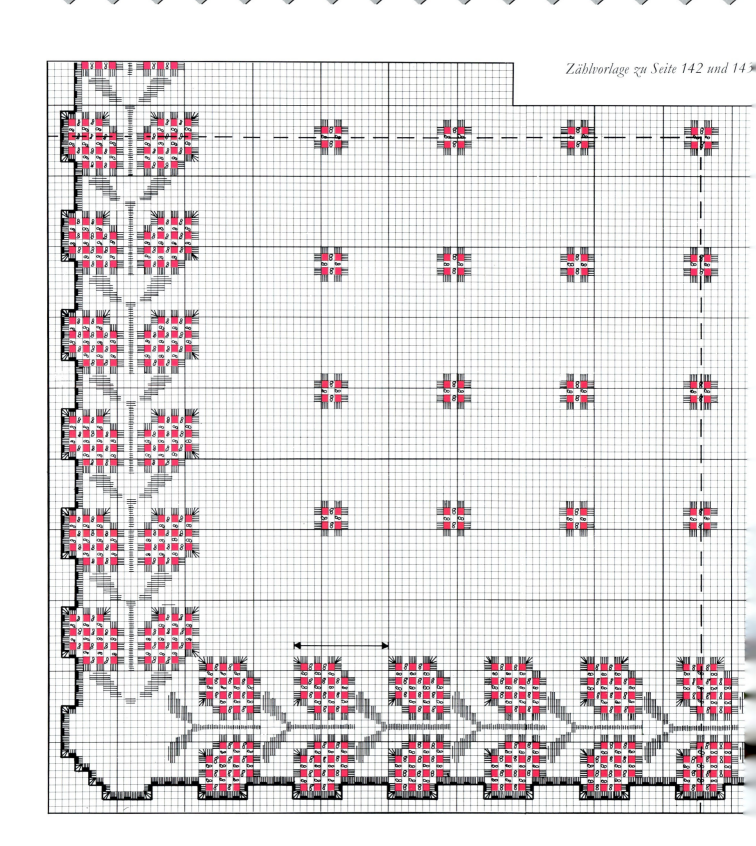

Zählvorlage zu Seite 142 und 143

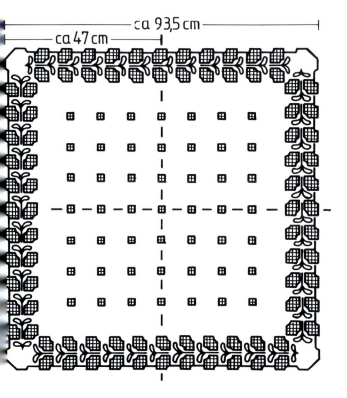

Decke blätter

- □ 1 Kästchen = 4 Gewebefäden
- Festonrand: Perlgarn 5, rosa
  vorsticken: Sticktwist 2-fädig, rosa
- |||| Hardanger-Plattstich: Perlgarn 5, rosa
- ■ ausschneiden
- 8 Pikot-Umwicklung: Sticktwist 3-fädig, hellrosa
- Plattstichblätter: Sticktwist 4-fädig, flieder

Detailzeichnung: Plattstichblätter

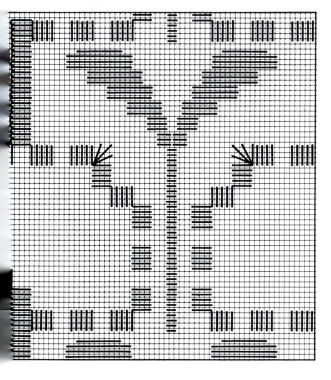

Rustikale Mitteldecke mit Unterdecke

Unterdecke
ARIOSA 3711/99 creme

Modellgröße: ca. 130 x 130 cm
Stoffbedarf: ca. 140 x 150 cm
Stickfeld: 233 x 233 Kästchen,
932 x 932 Gewebefäden
Mustersatzpfeil: 16 Kästchen = ca. 8,5 cm
Saumbreite: ca. 2,5 cm =
3 x 20 Gewebefäden

Mitteldecke
ARIOSA 3711/99 creme

Modellgröße: ca. 82 x 82 cm
Stoffbedarf: ca. 100 x 100 cm
Stickfeld: 141 x 141 Kästchen =
ca. 76 cm, 564 x 564 Gewebefäden
Mustersatzpfeil: 16 Kästchen = ca. 8,5 cm
Saumbreite: ca. 2,5 cm =
3 x 20 Gewebefäden

Die Decken von der Mitte aus einteilen, und die Mittellinie am besten mit Heftstichen markieren. Sie sind in den Zählvorlagen durch gestrichelte Linien gekennzeichnet.

Zählvorlagen auf Seite 148, 149 und 15

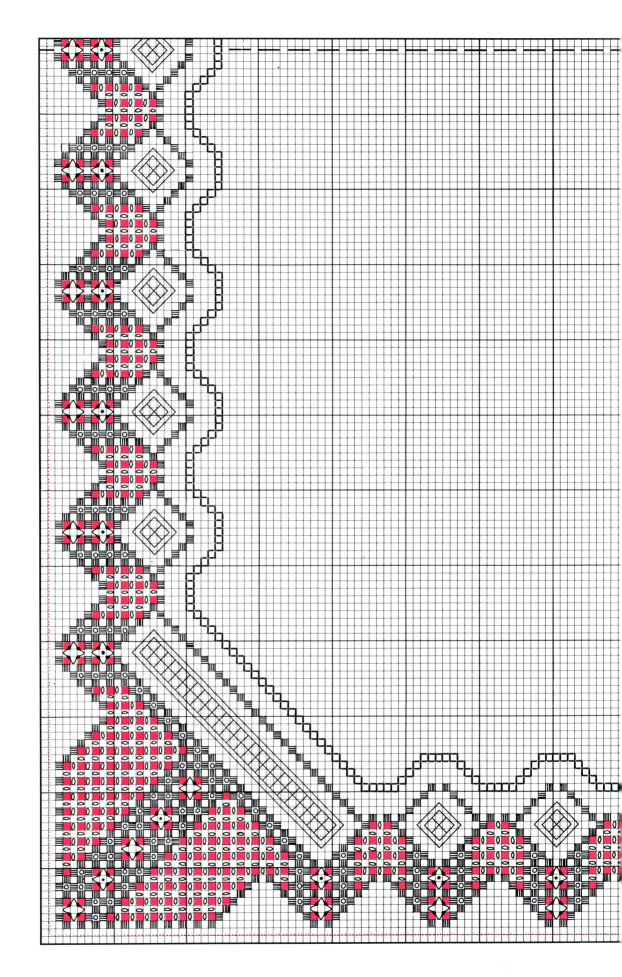

Unterdecke

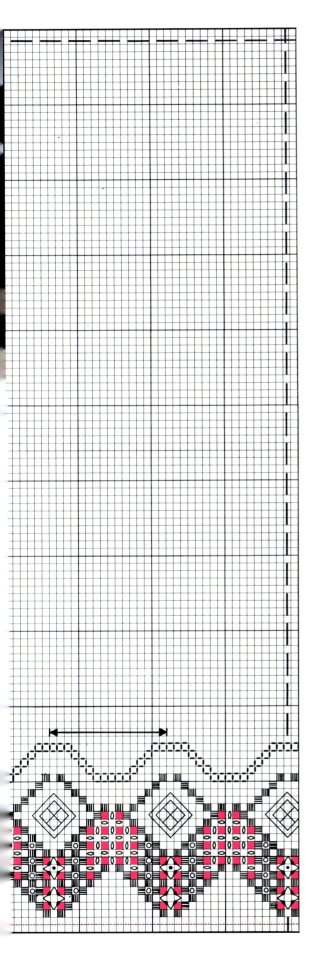

- □ 1 Kästchen = 4 Gewebefäden
- ⊪ Hardanger-Plattstich: Perlgarn 3, creme
- ○ paarweise Umwicklung: Perlgarn 8, creme
- ◫ Kästchenstich: Perlgarn 5, creme
- ∘ Spinnenstich 1: Perlgarn 5, creme
- ⊙ Spinnenstich 2: Sticktwist 3-fädig; kupfer, hell
- ⊗ Spinnenstich 2: Sticktwist 3-fädig; kupfer, dunkel
- ◈ Plattstichmotiv mit parallelem Rückstich: Perlgarn 5, creme
- ◇ Malteserkreuz: Sticktwist 3-fädig; kupfer, hell
- ◆ Malteserkreuz: Sticktwist 3-fädig; kupfer, dunkel
- ■ ausschneiden
- .... Hohlsaumreihe: Perlgarn 8, creme

Zählvorlage zu Seite 146 und 147

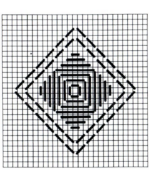

Detailzeichnung: Plattstichmotiv mit parallelem Rückstich

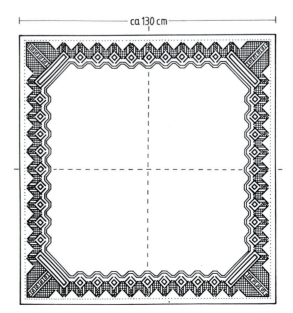

MITTELDECKE

Zeichenerklärung für die Zählvorlage auf Seite 149

Zählvorlage zu Seite 146 und 147

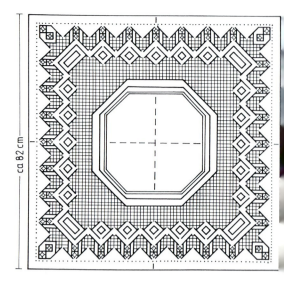

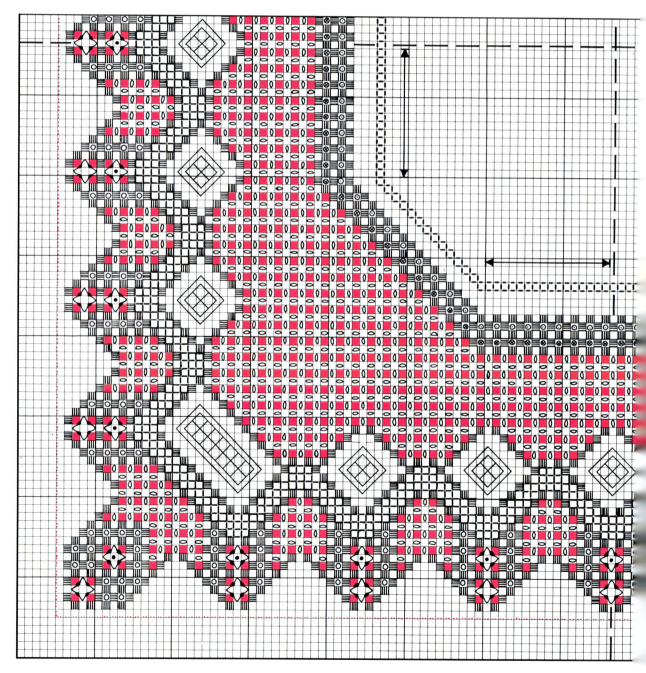

Decke in grün
ARIOSA 3711/632 grün

Modellgröße: ca. 80 x 80 cm
Stoffbedarf: ca. 90 x 90 cm
Stickfeld: 536 x 536 Gewebefäden = ca. 72 x 72 cm
Mustersatzpfeil: 72 Gewebefäden = ca. 10 cm
Saumbreite: ca. 2 cm = 3 x 15 Gewebefäden

Zählvorlage auf Seite 152 und 153

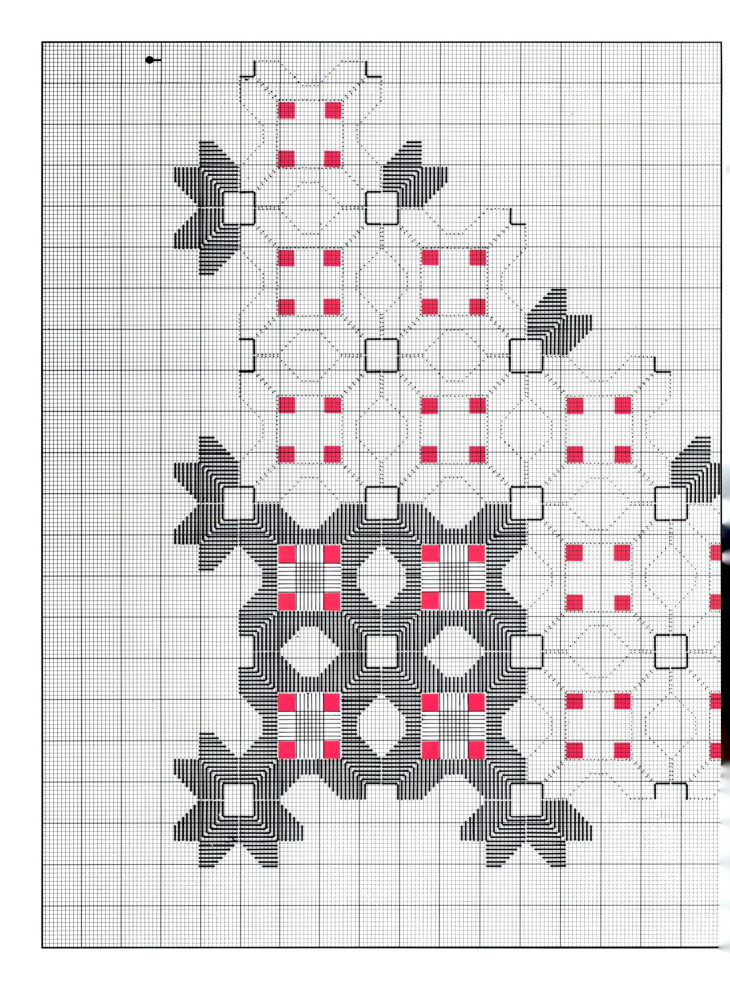

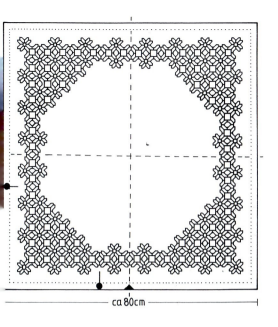

DECKE IN GRÜN

1 KAROLINIE =
1 GEWEBEFADEN
**1 Malteserkreuz-Motiv =
36 x 36 Gewebefäden
(Detailzeichnung siehe Seite 13, unten)
Plattstich: Perlgarn 3, mittelgrün
Umwicklungen: Sticktwist 3-fädig, mittelgrün
Hohlsaumreihe: Sticktwist 3-fädig, mittelgrün**

Zählvorlage zu Seite 151

Die 4 Malteserkreuzmotive in der Ecke sind in Einzelstichen dargestellt, gleichzeitig ist gezeigt, wie für die Umwicklungen ausgeschnitten wird. Die Motivwiederholungen sind zur besseren Übersicht durch Punkte der Einstichstellen gekennzeichnet. Halbe und viertel Sterne sind stichweise gekennzeichnet.

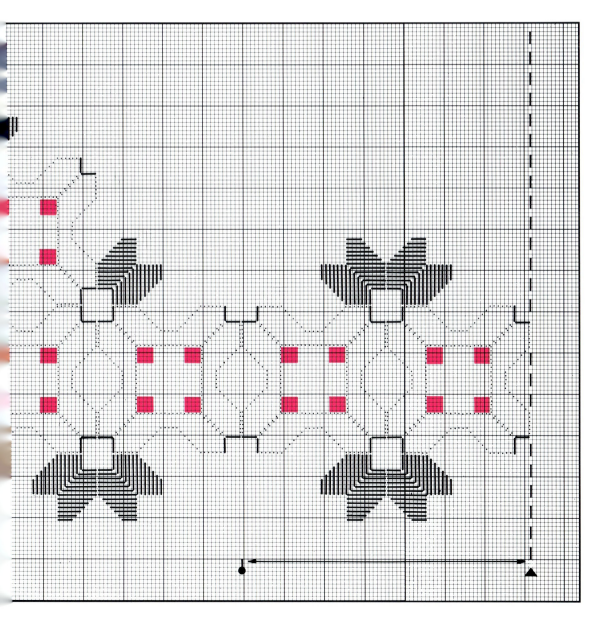

Fortsetzung der Zählvorlage zu Seite 156

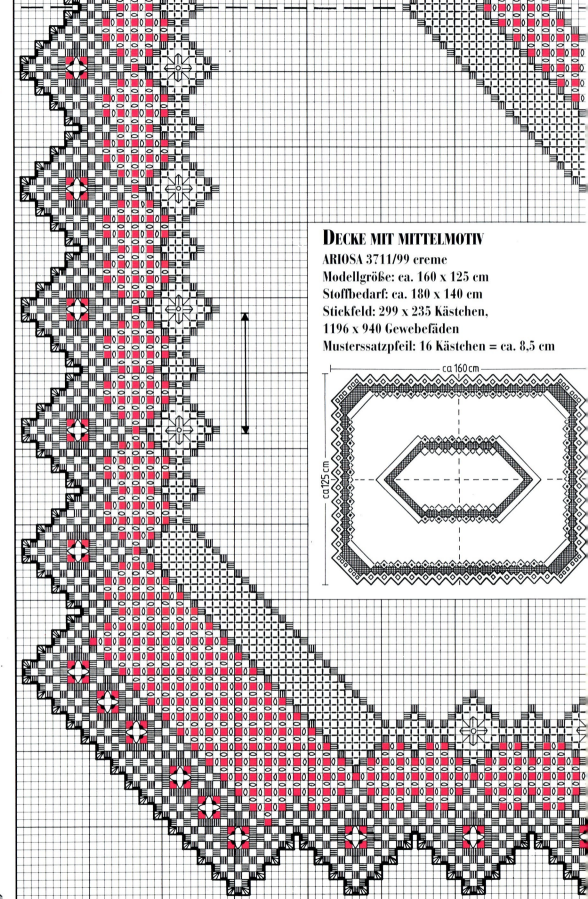

DECKE MIT MITTELMOTIV
ARIOSA 3711/99 creme
Modellgröße: ca. 160 x 125 cm
Stoffbedarf: ca. 180 x 140 cm
Stickfeld: 299 x 235 Kästchen,
1196 x 940 Gewebefäden
Musterssatzpfeil: 16 Kästchen = ca. 8,5 cm

Tischdecken

Fortsetzung der Zählvorlage zu Seite 154 und 155

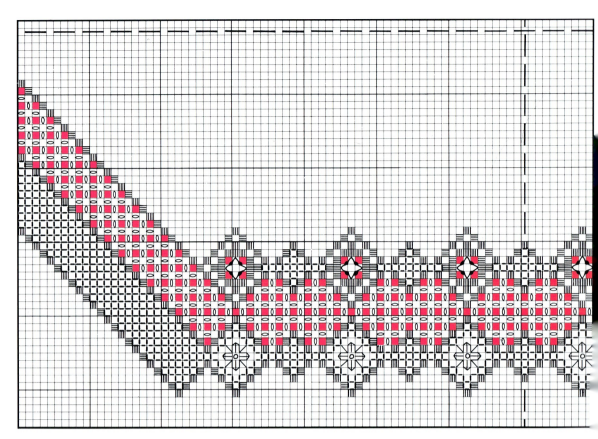

DECKE MIT MITTELMOTIV

- ☐ 1 Kästchen = 4 Gewebefäden
- Langettenrand: Perlgarn 5, messing vorsticken: Sticktwist 2-fädig, messing
- ⫼ Hardanger-Plattstich: Perlgarn 3, messing
- ○ paarweise Umwicklung: Perlgarn 8, creme
- ⊡ Kästchenstich: Perlgarn 5; messing, dunkel
- ■ ausschneiden
- ✸ Plattstichmotiv mit Spinnenstich 1: Sticktwist 6-fädig; messing, hell
- ◇ Malteserkreuz: Sticktwist 3-fädig, creme

Detailzeichnung: Plattstichmotiv mit Spinnenstich 1

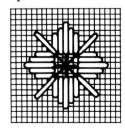

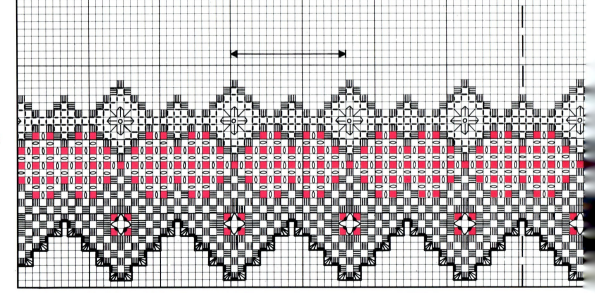

Decke in Weiss
ARIOSA 3711/100 weiß

Modellgröße: ca. 165 x 100 cm
Stoffbedarf: ca. 180 x 115 cm
Stickfeld: 988 x 188 Fäden =
ca. 131 x 25 cm
Mustersatzpfeil: 72 Gewebefäden =
ca. 10 cm

Zählvorlage auf Seite 158 und 159

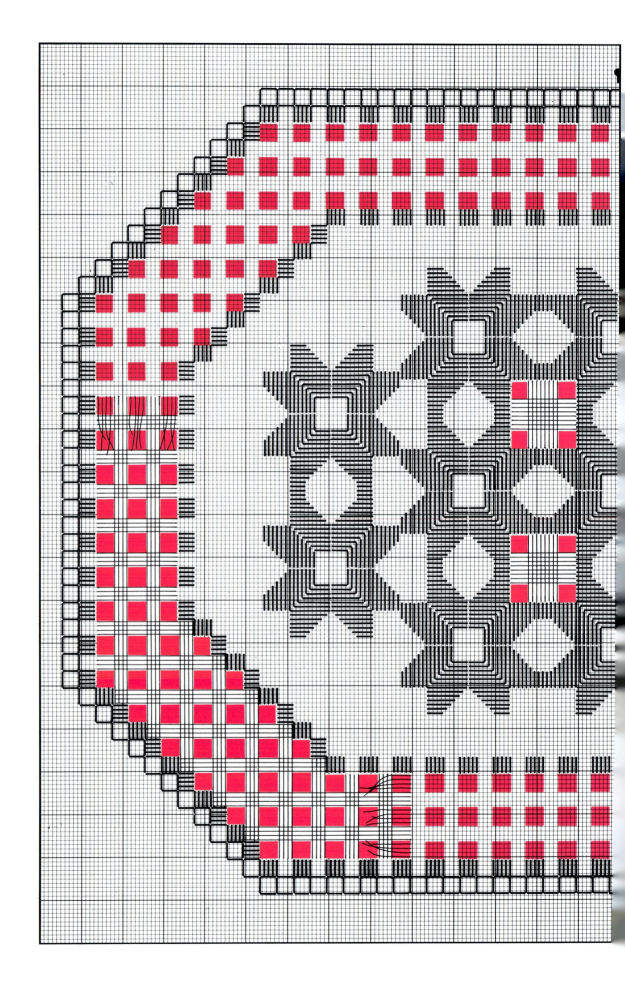

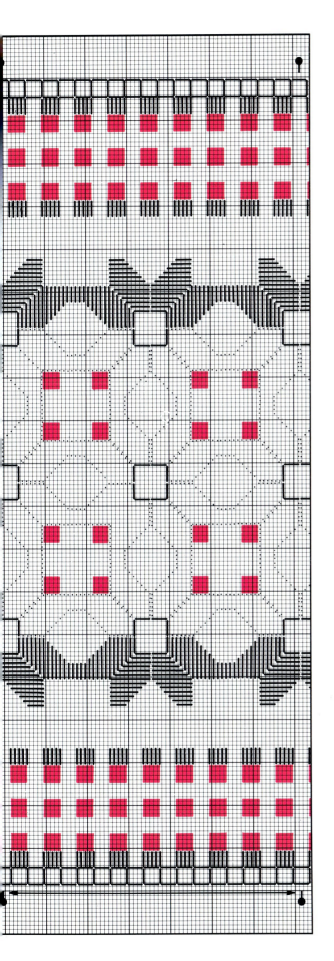

DECKE IN WEISS

1 KAROLINIE = 1 GEWEBEFADEN
**1 Malteserkreuz-Motiv =
36 x 36 Gewebefäden
Plattstich: Perlgarn 3, weiß
Malteserkreuz-Umwicklung: Sticktwist
3-fädig, mittelgrün
paarweise Hardangerumwicklung:
Perlgarn 8, weiß
Kästchenstich: Perlgarn 5, weiß
Saumwicklung: Sticktwist 3-fädig,
mittelgrün**

Auf der Seite gegenüber ist das Muster komplett in Einzelstichen dargestellt, gleichzeitig ist gezeigt, wie ausgeschnitten wird. Bei der Musterwiederholung auf dieser Seite sind zur besseren Übersicht die Einstichstellen durch Punkte gekennzeichnet. Diesen Mustersatz 10 mal wiederholen und das Ende gegengleich arbeiten. Beim Hardangergitter rundherum die 4 Gewebefäden in paarweisen Stegumwicklungen bündeln.
Im Abstand von 260 Fäden an den Längsseiten und 108 Fäden an den Schmalseiten für die Saumstege je 4 Gewebefäden ausziehen und Saumstege (s. Seite 99) arbeiten.

*Malteserkreuz Einzelmotiv siehe Seite 95
Zählvorlage zu Seite 157*

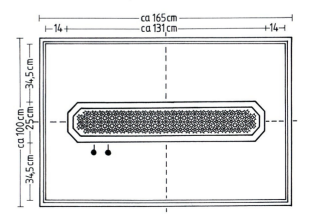

Kissen Weihnachtsmotive

Kissen Stern
BELLANA 3256/118 gold

Modellgröße: ca. 40 x 40 cm
Stickfeld: 61 x 61 Kästchen =
244 x 244 Gewebefäden
Stickfeldgröße: ca. 30,5 x 30,5 cm

Kissen Glocke
BELLANA 3256/17 silber

Modellgröße: ca. 40 x 40 cm
Stickfeld: 59 x 60 Kästchen =
236 x 240 Gewebefäden
Stickfeldgröße: ca. 29,5 x 30 cm

Zählvorlage auf Seite 162

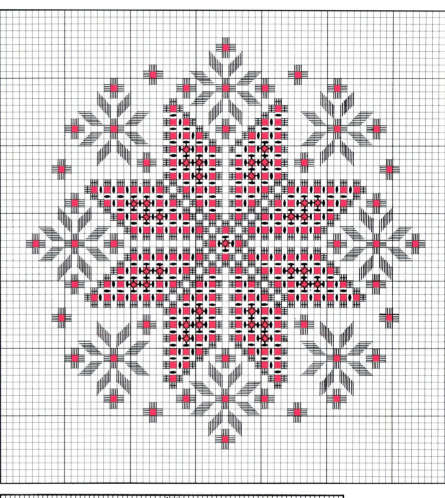

- ☐ 1 Kästchen = 4 Gewebefäden
- ⊞ Plattstich: Perlgarn 5, rot/creme
- ⊟ Plattstich: Goldbändchen
- ● Umwicklung: Goldzwirn/ Perlgarn 8, creme
- ◆ Schlingenstichfüllung: Goldzwirn/ Perlgarn 8, creme
- ■ ausschneiden

Detailzeichnung:
1 Linie = 1 Gewebefaden

Glocke

- ☐ 1 Kästchen = 4 Gewebefäden
- ⦀ Plattstich: Gold-/Silberbändchen
- • Umwicklung: Goldzwirn/Perlgarn 8, weiß
- ▪ ausschneiden

Zählvorlage zu Seite 160, 161 und 164, 165

Detailzeichnung:
1 Linie = 1 Gewebefaden

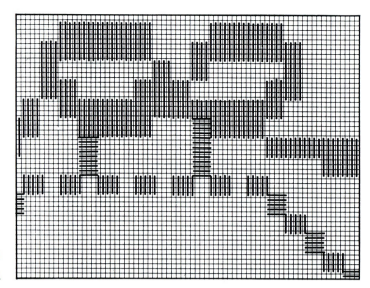

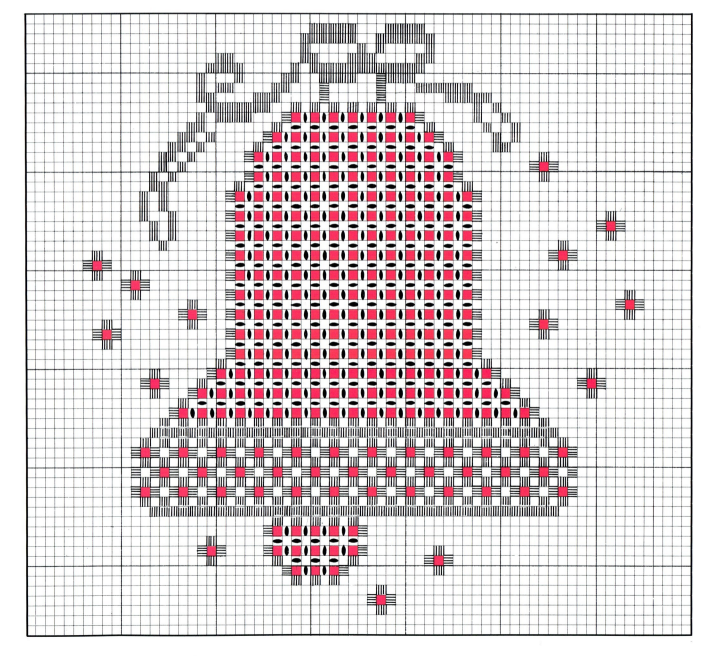

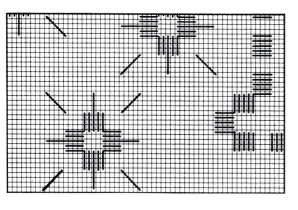

TANNENBAUM

- □ 1 Kästchen = 4 Gewebefäden
- |||| Plattstich: Perlgarn 5, rot
- ⊞ Plattstich: Goldbändchen
- • Umwicklung: Perlgarn 5, grün
- ⊗ Schlingenstich: dünner Goldzwirn
- ▪ ausschneiden

Detailzeichnung: 1 Linie = 1 Gewebefaden

Zählvorlage zu Seite 164 und 165

Sets mit Randmuster

Set in Gelb

Stoff: VIENNA 3322
Fertigmaß: ca. 35 x 46 cm
Stickfeld: 300 x 388 Gewebefäden

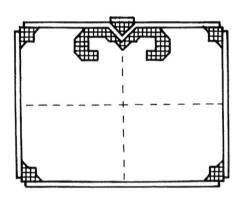

Set in Terrakotta

Stoff: VIENNA 3322
Fertigmaß: ca. 34 x 46 cm
Stickfeld: 292 x 388 Gewebefäden

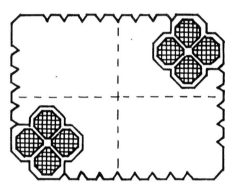

Set in Grün

Stoff: VIENNA 3322
Fertigmaß: ca. 34 x 45 cm
Stickfeld: 292 x 380 Gewebefäden

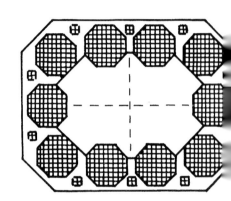

Set in Creme

Stoff: VIENNA 3322
Fertigmaß: ca. 35 x 44 cm
Stickfeld: 300 x 372 Gewebefäden

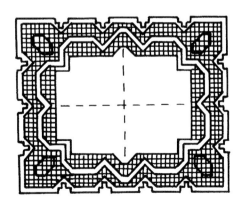

Die Stickerei von der Mitte her einteilen und die gestrichelten Mittellinien mit Heftstichen markieren. Am Besten zuerst den Langettenrand mit Sticktwist vorsticken und dabei die Modellgröße festlegen.

Danach Hardanger-Plattstichumrandungen, den Langettenrand und die Spinnenstiche sticken. Der nächste Schritt ist das Ausschneiden und Befestigen der Stege. Die Hardanger-Zierstiche im Verlauf der Stegumwicklungen arbeiten.

Den Plattstich mit Perlgarn 5, alle anderen Stiche mit Perlgarn 8 sticken.

Zählvorlagen auf Seite 166 und 167

Set in Terrakotta

- 𝗠 Langettenrand
- ⅠⅠⅠⅠ Plattstich
- ○ Umwicklung
- ✧ Schlingenstich
- ■ ausschneiden

Stickgarnfarbe 337 für alle Stiche
Mustersatz ca. 38 mm, Ecke ca. 15 cm

Set in Grün

- 𝗠 Langettenrand, Farbe 213
- ⅠⅠⅠⅠ Plattstich 213
- ○ Umwicklung 213
- ✧ Schlingenstich 213
- ⅠⅠⅠⅠ Plattstich 215
- ◆ Malteserkreuz 215
- ✱ Spinnenstich 215
- ■ ausschneiden

Mustersatz ca. 10 cm, Ecke ca. 18 cm

Zählvorlagen zu Seite 164 und 165

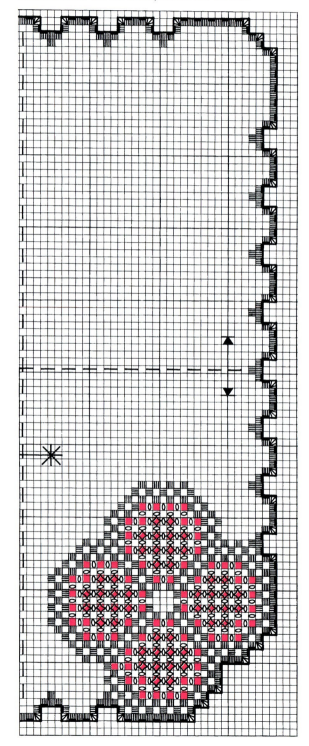
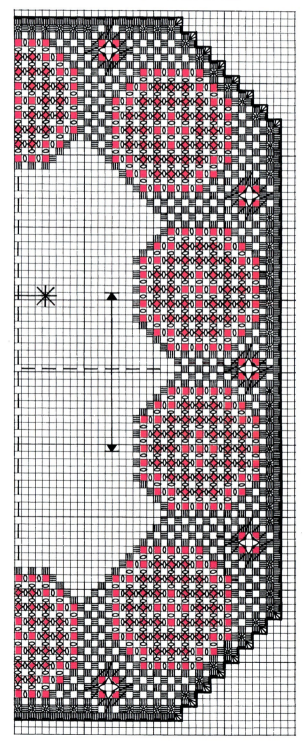

Zählvorlagen zu Seite 164 und 165

Set in Gelb

- ▦ Langettenrand
- ○ Umwicklung
- ✳ Spinnenstich
- ▥ Plattstich
- ■ ausschneiden

Stickgarnfarbe 311 für alle Stiche
Mustersatz ca. 9 mm, Ecke ca. 5 cm
Mittelmotiv ca. 20 cm

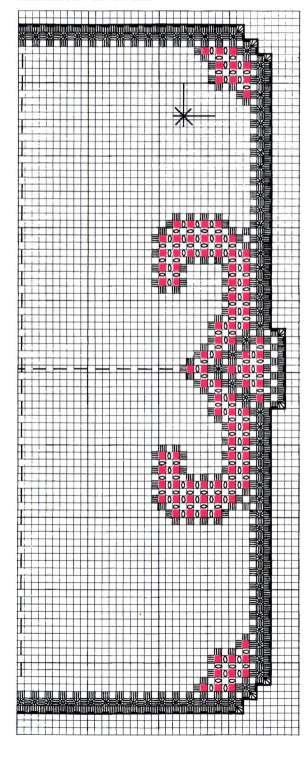

Set in Creme

- ▦ Langettenrand,
- ○ Umwicklung
- ▸ Fächer-Füllstich
- ✳ Spinnenstich
- ▥ Plattstich
- ■ ausschneiden

Strickgarnfarbe 926 für alle Stiche
Mustersatz ca. 85 mm, Ecke ca. 18 cm

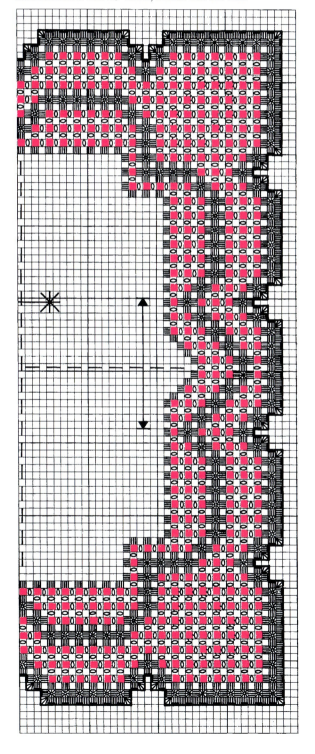

Bibliografische Information
Der Deutschen Bibliothek
Die Deutsche Bibliothek verzeichnet diese Publikation
in der Deutschen Nationalbibliografie; detaillierte
bibliografische Daten sind im Internet über
http://dnb.ddb.de abrufbar.

ISBN: 978-3-87405-272-6

© 2007 by Keysersche Verlagsbuchhandlung
in der Seemann Henschel GmbH & Co. KG
2. Auflage

Sonderausgabe mit freundlicher Genehmigung
des Christophorus Verlages, Freiburg im Breisgau.

Die Verwertung der Texte und Bilder, auch
auszugsweise, ist ohne Zustimmung des Verlags
urheberrechtswidrig und strafbar. Dies gilt auch
für Vervielfältigungen, Übersetzungen,
Mikroverfilmungen und für die Verarbeitung
mit elektronischen Systemen.

Stickdesign: Bärbel Kreibich, Irmgard Gürtesch,
Astrid Jannedy, Ingrid Thormeyer
Fotos: Thomas Schuster, Sindelfingen

Umschlaggestaltung: Ingo Scheffler, Berlin
Layout: Network!, München
Satz: Erger & Wernet, Breisach und HEADLINE,
München
Druck und Bindung: Offizin Andersen Nexö Leipzig
Printed in Germany

Gedruckt auf alterungsbeständigem Papier mit
chlorfrei gebleichtem Zellstoff.